KURSBUCH

TEILBAND 2

A1

Pluspunkt Deutsch

von Friederike Jin und Joachim Schote

Pluspunkt Deutsch A1

Deutsch als Zweitsprache
Kursbuch
Teilband 2

Symbole

 Hörverstehensübung (Hörtext auf CD)

 Phonetikübung mit CD

 Partnerübung

✳✳✳ Portfolio-Übungen

Im Auftrag des Verlages erarbeitet von Friederike Jin und Joachim Schote

In Zusammenarbeit mit der Redaktion:
Maria Funk (verantwortliche Redakteurin), Andrea Mackensen,
Gunther Weimann (Projektleitung)

Redaktionelle Mitarbeit: Dieter Maenner
Bildredaktion: Katharina Hoppe-Brill
Unter besonderer Mitwirkung von: Georg Krüger

Beratende Mitwirkung: Annekatrin Bach (Colmnitz), Jutta Neumann (Duisburg),
Ina Schiffhauer (Berlin), Dr. Vesna Stanicic-Burchards (Norderstedt)

Illustrationen: Matthias Pflügner
Gesamtgestaltung und technische Umsetzung: SOFAROBOTNIK, Augsburg und München

Autoren von Pluspunkt Deutsch · Der Integrationskurs: Georg Krüger und Matthias Merkelbach

www.cornelsen.de

Die Webseiten Dritter, deren Internetadressen in diesem Lehrwerk angegeben sind, wurden vor Drucklegung sorgfältig geprüft. Der Verlag übernimmt keine Gewähr für die Aktualität und den Inhalt dieser Seiten oder solcher, die mit ihnen verlinkt sind.

1. Auflage, 6. Druck 2016

Alle Drucke dieser Auflage sind inhaltlich unverändert und können im Unterricht nebeneinander verwendet werden.

© 2009 Cornelsen Verlag, Berlin
© 2013 Cornelsen Schulverlage GmbH, Berlin

Das Werk und seine Teile sind urheberrechtlich geschützt. Jede Nutzung in anderen als den gesetzlich zugelassenen Fällen bedarf der vorherigen schriftlichen Einwilligung des Verlages.
Hinweis zu den §§ 46, 52 a UrhG: Weder das Werk noch seine Teile dürfen ohne eine solche Einwilligung eingescannt und in ein Netzwerk eingestellt oder sonst öffentlich zugänglich gemacht werden.
Dies gilt auch für Intranets von Schulen und sonstigen Bildungseinrichtungen.

Druck: Firmengruppe APPL, aprinta Druck, Wemding

ISBN 978-3-06-024276-4

Pluspunkt Deutsch auf einen Blick

Pluspunkt Deutsch ist ein Grundstufenlehrwerk für Erwachsene ohne Deutsch-Vorkenntnisse.
Es ist besonders geeignet für Lernende mit unterschiedlichen Voraussetzungen und Lernerfahrungen.
Pluspunkt Deutsch orientiert sich eng an den Vorgaben des neuen Rahmencurriculums für Integrationskurse und setzt die Kannbeschreibungen des Gemeinsamen europäischen Referenzrahmens konsequent um. Das Lehrwerk führt zum *Zertifikat Deutsch* und bereitet auf den *Deutsch-Test für Zuwanderer* vor.

Das **Kursbuch** enthält sieben Lektionen, zwei fakultative Stationen und einen Anhang.
Jede Lektion beginnt mit einer bilderreichen Auftaktseite, die an den Wortschatz und das Thema heranführt.
Es folgen drei Doppelseiten, auf denen der Lernstoff in thematisch abgeschlossenen Blöcken kleinschrittig präsentiert wird. Im Vordergrund stehen Themen des alltäglichen Lebens und ihre sprachliche Bewältigung, wobei die Grundfertigkeiten Sprechen, Hörverstehen, Leseverstehen und Schreiben systematisch und integriert trainiert werden. Die Doppelseite *Alles klar!* bietet Übungen zur aktiven Selbstevaluation. Die abschließende *Gewusst-wie*-Seite fasst die wichtigsten Redemittel und grammatischen Strukturen übersichtlich zusammen.
Die fakultativen Stationen bieten auf jeweils einer Doppelseite Möglichkeiten zur spielerischen Wiederholung des Gelernten.
Der Anhang umfasst:
– Phonetikübungen, die den einzelnen Lektionen zugeordnet sind,
– eine systematische Zusammenfassung der Grammatik,
– eine Liste der unregelmäßigen Verben,
– die Hörtexte, die nicht in den Lektionen abgedruckt sind,
– eine alphabetische Wortliste mit den jeweiligen Fundstellen und
– Bildkarten zur Wiederholung und Vertiefung wichtiger Wortfelder.

Die **Audio-CD** enthält alle Hörtexte und Phonetikübungen aus dem Kursbuch.

Das **Arbeitsbuch** mit eingelegter **Lerner-Audio-CD** unterstützt die Arbeit mit dem Kursbuch. Es enthält ein umfangreiches Übungsangebot mit ausgewiesenen Übungen zur Binnendifferenzierung. Auf den *Deutsch-Plus*-Seiten wird das Gelernte vertieft und explizit das Hör- und Leseverstehen trainiert. Die letzte Doppelseite enthält den Lernwortschatz der Lektion sowie ein gezieltes Wortschatztraining mit Lerntipps. In den Stationen können die Lernenden ihren Sprachlernstand selbst überprüfen. Am Ende jeder Niveaustufe finden sich bebilderte Grammatikkarten zur Wiederholung wichtiger Grammatikstrukturen.

Die **Handreichungen für den Unterricht** enthalten Tipps für den Unterricht, Vorschläge für Differenzierungsmaßnahmen sowie Kopiervorlagen und Tests.

Die **Unterrichtshilfe interaktiv** mit Textanalysetool macht Ihre Unterrichtsvorbereitung noch einfacher. Mit verschiedenen Werkzeugen können Sie schnell und einfach eigene Arbeitsblätter erstellen und ein Analysetool hilft Ihnen, eigene Texte an den Lernstand Ihres Kurses anzupassen.

Unter **www.cornelsen.de/pluspunkt** gibt es für die Arbeit mit **Pluspunkt Deutsch** Zusatzmaterialien, Übungen und didaktische Tipps sowie interessante Links.

Viel Spaß und Erfolg mit **Pluspunkt Deutsch** wünschen

Autoren und Cornelsen Verlag

Inhalt Teilband 1

		Sprachhandlungen	Grammatik
Lektion 1 **Willkommen!**		• sich vorstellen • sich begrüßen und sich verabschieden • buchstabieren • zählen • nach dem Beruf fragen	• Alphabet • Aussagesätze • Verben im Präsens Singular und Plural • W-Fragen • Fragepronomen: *Wer? Wie? Woher? Was?* • du oder Sie?
Lektion 2 **Alte Heimat, neue Heimat**		• über die eigene Herkunft berichten • persönliche Informationen geben • Telefonnummern und Adresse nennen und verstehen • nach Gegenständen fragen und Gegenstände benennen	• bestimmter und unbestimmter Artikel im Nominativ • Nomen im Singular und Plural • Verben im Präsens 3. Person Singular und Plural • Fragepronomen: *Wo?*
Lektion 3 **Meine Wohnung**		• über Wohnung und Einrichtung sprechen • die Wohnsituation beschreiben • Wohnungsanzeigen verstehen	• Ja/Nein-Fragen • bestimmter und unbestimmter Artikel im Akkusativ • Negation mit *kein* • Personalpronomen im Nominativ
Lektion 4 **Meine Familie**		• über die eigene Familie berichten • Verwandtschaftsbeziehungen beschreiben • ein Freizeitprogramm planen • über die eigene Stadt sprechen • über Vergangenes sprechen	• Possessivartikel im Nominativ Singular • temporale Adverbien • Verben mit Vokalwechsel • Präteritum von *haben* und *sein*
Station 1		Wiederholung	
Lektion 5 **Mein Tag, meine Woche**		• über Freizeitaktivitäten sprechen • nach der Uhrzeit fragen und antworten • einen Tagesablauf beschreiben • sich verabreden • einen Termin vereinbaren	• trennbare Verben im Präsens • temporale Angaben • temporale Präpositionen
Lektion 6 **Guten Appetit!**		• über Essgewohnheiten sprechen • Einkaufsgespräche führen • nach Preisen fragen	• Imperativ • *mögen* und *möchten* • *gern/nicht gern*
Lektion 7 **Meine Arbeit**		• über den Berufs-/Arbeitsalltag sprechen • Bankinformationen erfragen und Überweisungen ausfüllen	• Modalverben *können, müssen, wollen* • Präpositionen mit Dativ: *Wo? Wohin? Woher?*
Station 2		Wiederholung	
Anhang		Phonetik; Grammatik; Unregelmäßige Verben; Hörtexte; Wortliste; Bildkarten	

Themen und Texte	Rahmencurriculum für Integrationskurse / Gemeinsamer europäischer Referenzrahmen
• Kennenlerngespräche • Beruf • Zahlen bis 20 • Texte: Stellenanzeigen	• Kann Kontakt aufnehmen. • Kann sich und andere vorstellen. • Kann jemanden ansprechen. • Kann die Anredeform klären. • Kann Gespräche und Begegnungen adäquat beenden. • Kann die wichtigsten Informationen von Stellenanzeigen verstehen. • Kann fragen, wie es einer Person geht.
• Länder, Kontinente • Nationalität, Sprachen • im Kursraum • Zahlen ab 20 • Kindergarten • Texte: Visitenkarte	• Kann über seine/ihre Herkunft sprechen. • Kann sich nach Betreuungseinrichtungen erkundigen.
• Wohnung und Einrichtung • Farben • ein Mehrfamilienhaus • Texte: Wohnungsanzeigen	• Kann ausdrücken, inwieweit ihm/ihr etwas gefällt oder missfällt. • Kann aus Werbeanzeigen relevante Informationen entnehmen, z. B. Marken, Preise. • Kann grundlegende einfache Informationen zu Produkten erfragen. • Kann die wichtigsten Abkürzungen in Wohnungsanzeigen verstehen.
• Verwandtschafts- bezeichnungen • Sehenswürdigkeiten • Familien früher • Texte: Radiointerview	• Kann gemeinsame Aktivitäten vereinbaren. • Kann die eigene Familie beschreiben. • Kann über die eigene Freizeit sprechen.
• Freizeitaktivitäten • Tageszeiten, Uhrzeit • Wochentage • Texte: Terminkalender	• Kann ausdrücken, wie er/sie zu einem Vorschlag eines Gesprächspartners steht. • Kann gemeinsame Aktivitäten vereinbaren. • Kann etwas ablehnen. • Kann, auch telefonisch, auf einfache Fragen zu Ort und Zeit Auskunft geben. • Kann dem Fernsehprogramm die wesentlichen Informationen entnehmen. • Kann sagen, was er/sie an einem normalen Tag macht.
• Lebensmittel • Verpackungen • Einkaufssituationen • Texte: Einkaufszettel	• Kann Neigungen ausdrücken. • Kann gut verständlich Zahlenangaben machen, z. B. Preise wiederholen, Größen angeben.
• Berufe • Arbeitsalltag • Bankgeschäfte • Texte: Überweisungsformular	• Kann ein Formular ausfüllen. • Kann um Unterstützung bitten. • Kann wichtige Formulare im Zahlungsverkehr ausfüllen. • Kann einfach und klar wichtige Auskünfte geben, z. B. dass er/sie einen bestimmten Job ausüben möchte. • Kann bei der Bedienung von Automaten die erforderlichen Daten eingeben. • Kann einem Kontoauszug wesentliche Informationen entnehmen.

fünf **5**

Inhalt Teilband 2

Seite		Sprachhandlungen	Grammatik
9	**Lektion 8** **Gute Besserung!**	• Körperteile benennen • einen Termin beim Arzt machen • vom Arztbesuch erzählen • über Krankheiten sprechen • eine Entschuldigung schreiben • einen Notruf tätigen	• das Modalverb *sollen* • Pronomen im Akkusativ
19	**Lektion 9** **Meine Wege durch die Stadt**	• nach dem Weg fragen • Wege beschreiben • Verkehrsmittel benennen • Regeln im Straßenverkehr beschreiben	• lokale Präpositionen mit Dativ • das Modalverb *dürfen* • das Pronomen *man*
29	**Lektion 10** **Mein Leben**	• über das frühere Leben sprechen • über Alltagsaktivitäten sprechen • von einer Reise erzählen	• Perfekt • Präposition *seit*
39	**Lektion 11** **Ämter und Behörden**	• Fragen stellen und etwas erklären • sich bedanken • um Hilfe bitten und auf Bitten reagieren • Datum	• Personalpronomen im Dativ • *für* + Akkusativ • Ordinalzahlen
49	**Station 3**	Wiederholung	
51	**Lektion 12** **Im Kaufhaus**	• über Kleidung sprechen • Einkaufsdialoge im Kaufhaus führen • über Einkaufsgewohnheiten sprechen	• Adjektive vor Nomen mit bestimmtem Artikel • Fragewort *welch-* • Komposita
61	**Lektion 13** **Auf Reisen**	• über Landschaften sprechen • über das Wetter und Jahreszeiten sprechen • etwas vergleichen • eine Fahrkarte kaufen	• der Komparativ • das Pronomen *es* • Präpositionen mit Akkusativ
71	**Lektion 14** **Zusammen leben**	• beschreiben, wie Sie wohnen • Smalltalk führen • über Probleme im Haus sprechen • in Kontakt kommen	• Satzverbindungen mit *denn*
81	**Station 4**	Modelltest Start Deutsch 1	
	Anhang	Phonetik 91; Grammatik 97; Unregelmäßige Verben 107; Hörtexte 109; Wortliste 118; Bildkarten 130	

6 *sechs*

Themen und Texte	Rahmencurriculum für Integrationskurse / Gemeinsamer europäischer Referenzrahmen

• Arztschilder
• Körperteile
• Texte: Notrufregeln
      Entschuldigungs-
      schreiben
	• Kann Auskünfte zur Person bei der Anmeldung beim Arzt geben.
	• Kann mitteilen, wie es ihm/ihr geht, und beschreiben, was ihm/ihr wehtut.
	• Kann im Gespräch mit Ärzten relevante Informationen verstehen.
	• Kann sich mit einfachen Worten krankmelden.
	• Kann eine kurze schriftliche Entschuldigung bei Krankheit schreiben.
	• Kann Adressen und Öffnungszeiten von Ärzten erfragen.
	• Kann telefonisch einen Notruf tätigen und die wichtigsten Informationen nennen.

• Verkehrsmittel • Texte: Infotext	• Kann Hinweisschildern die wichtigsten Informationen entnehmen. • Kann Fahrplänen für ihn/sie relevante Informationen entnehmen.
• Früheres Leben • Urlaub • Texte: Postkarte	• Kann über sich und seine Situation im Herkunftsland sprechen. • Kann eine kurze einfache Postkarte mit Feriengrüßen schreiben. • Kann Feriengrüße auf einer Postkarte verstehen.
• ein Formular ausfüllen • persönliche Informationen • Texte: Formular	• Kann mit einfachen Worten sagen, dass er/sie nicht weiß, wie etwas auf Deutsch heißt. • Kann nachfragen, wenn er/sie etwas nicht verstanden hat. • Kann jemanden bitten, ihm/ihr beim Ausfüllen eines Formulars zu helfen. • Kann am Informationsschalter gezielt Auskünfte erfragen. • Kann sich über Beratungseinrichtungen informieren, z. B. über die Öffnungszeiten, Adresse. • Kann in einem Formular persönliche Daten eintragen.

• Kleidungsstücke und
  Geschäfte
• Texte: Katalog
      Hinweistafeln
	• Kann sagen, wie er/sie alltägliche Dinge findet.
	• Kann Informationen zu Produkten erfragen (Preis, Größe, Abteilung).
	• Kann Zahlenangaben machen (Preis, Größe).
	• Kann das Wesentliche aus Produktinformationen auffinden und entnehmen.
	• Kann im Internet Bestellungen aufgeben und Bestellformulare ausfüllen.

• die Monate
• das Wetter
• Texte: Wettervorhersagen
      Anzeigetafel
      Reiseprospekt
	• Kann am Schalter Informationen (Abfahrtszeiten, Preise) erfragen.
	• Kann einen Platz reservieren.
	• Kann nach dem Weg fragen und das Wesentliche einer Wegbeschreibung verstehen.
	• Kann einen Weg beschreiben.
	• Kann relevante Abkürzungen in Fahrplänen verstehen.

• Smalltalk • Texte: Einladung formeller Brief	• Kann mit einer Postkarte/E-Mail zu einer Feier einladen. • Kann sich für eine Einladung bedanken und zusagen oder freundlich absagen. • Kann sich nach Betreuungseinrichtungen erkundigen. • Kann die wesentlichen Informationen einer Mitteilung eines Hausbewohners am Schwarzen Brett verstehen (Einladung zum Hoffest). • Kann einfache und kurze Mitteilungen für Mitbewohner verfassen.

sieben **7**

Sprache im Kurs

1. Schreiben Sie.

4. Kreuzen Sie an.

2. Hören Sie.

5. Lesen Sie.

3. Ergänzen Sie.

6. Spielen Sie Dialoge.

Sie lernen:
- Körperteile benennen
- einen Termin beim Arzt machen
- eine Entschuldigung schreiben
- über Krankheiten sprechen
- Pronomen im Akkusativ
- das Modalverb „sollen"

8

Gute Besserung!

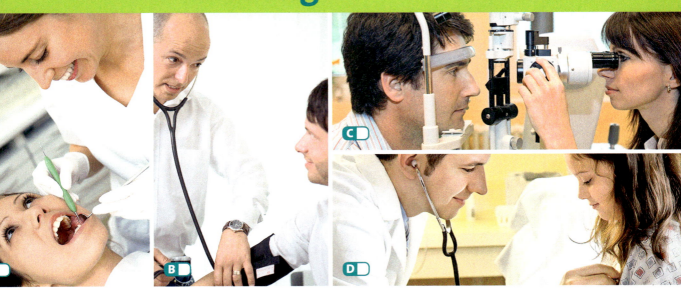

1a Ordnen Sie die Schilder den Fotos zu.

❶ Dr. Linse Augenärztin	❷ Dr. Pille Kinderarzt	❸ Zahnärztin Dr. Bürste	❹ Hausarzt Dr. Wickel
Mo/Di/Fr: 10.00 – 15.00 Mi: geschlossen Do: 09.00 – 18.00	Mo/Di: 10.00 – 16.00 Mi/Fr: 08.00 – 18.00 Do: 08.00 – 12.00	Mo/Do: 08.00 – 17.00 Di/Mi: 13.00 – 18.00 Fr: 08.00 – 12.00	Mo/Mi: 08.00 – 13.00 Di: nach Vereinbarung Do/Fr: 13.00 – 18.00

1b Wann haben die Ärzte Sprechzeiten? Fragen und antworten Sie im Kurs.
Ü1

> Wann hat die Zahnärztin Sprechzeiten?

> Am ... um ...

1c Zu welchem Arzt gehen Sie? Geben Sie Ihrem Partner/Ihrer Partnerin Tipps.
Ü2

Zahnschmerzen   Halsschmerzen   Bauchschmerzen   schlecht sehen

> Wie geht es dir?

> Ich habe Zahnschmerzen.

> Dann geh doch zum Zahnarzt.

neun **9**

8 Gute Besserung!

A Ein Besuch beim Arzt

1a Hören Sie und kreuzen Sie an: Wann hat Frau Zarda einen Termin?
Ü3+4

A ☐ heute um 9.00 Uhr   B ☐ am Montag um 9.00 Uhr   C ☐ morgen um 9.00 Uhr

◖ Praxis Dr. Wickel, Müller am Apparat, guten Tag.
◖ Guten Tag, mein Name ist Zarda. Ich hätte gern einen Termin.
◖ Ja, können Sie am nächsten Montag um neun Uhr?
◖ Am Montag? Ja, das geht.
◖ Sagen Sie mir bitte noch einmal Ihren Namen.
◖ Zarda, Z A R D A.
◖ Gut, Frau Zarda, dann bis Montag.
◖ Danke, auf Wiederhören.
◖ Auf Wiederhören.

1b Hören Sie zwei weitere Dialoge und notieren Sie den Namen und den Termin.
Ü5

Dialog 1 Frau _BAS_ hat den Termin am _DIENSTAG_ um _15_ Uhr.

Dialog 2 Herr _HRISTOV_ hat den Termin am _MIETWOCH_ um _16_ Uhr.

1c Machen Sie einen Termin beim Arzt. Spielen Sie Dialoge.

Zahnarzt: Sie möchten schnell einen Termin.
Kinderarzt: Sie möchten einen Termin für Ihren Sohn (drei Jahre).
Hausarzt: Sie möchten einen Termin für nächste Woche.

2a Körperteile. Hören Sie und suchen Sie die Körperteile auf dem Bild.
Ü6

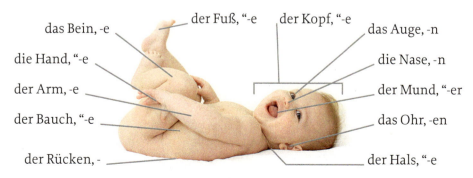

das Bein, -e — der Fuß, "-e — der Kopf, "-e — das Auge, -n
die Hand, "-e — die Nase, -n
der Arm, -e — der Mund, "-er
der Bauch, "-e — das Ohr, -en
der Rücken, - — der Hals, "-e

2b Zeigen Sie einen Körperteil, der andere sagt das Wort.

10 zehn

3a Im Sprechzimmer. Hören Sie zu: Was fehlt Herrn Hristov?

Ü7+8

- Guten Tag, Herr Hristov. Was fehlt Ihnen denn?
- Ich bin erkältet, ich habe Schnupfen und Husten. Ich habe Halsschmerzen und mein Kopf tut weh. Und ich habe auch etwas Fieber.
- Dann wollen wir mal sehen. Machen Sie bitte den Mund auf. Ja, Sie haben eine Grippe und brauchen ein Antibiotikum. Ich schreibe Ihnen ein Rezept. Trinken Sie viel, am besten Tee, und nehmen Sie täglich Vitamin C. Bleiben Sie im Bett und schlafen Sie viel. Am Freitag kommen Sie bitte noch einmal zur Kontrolle.
- Vielen Dank, Herr Doktor.
- Auf Wiedersehen und gute Besserung!

3b Was sagt der Arzt? Was muss Herr Hristov machen? Sprechen Sie im Kurs.

> Trinken Sie viel Tee!

3c Vom Besuch beim Arzt erzählen. Herr Hristov kommt nach Hause und berichtet seiner Frau. Schreiben Sie Sätze wie im Beispiel.

Ü9+10

> Nun, was sagt der Arzt?

> Er sagt, ich habe eine Grippe, ich soll ein Antibiotikum nehmen.

1. Der Arzt sagt, ich soll Tee trinken.
2. Der Arzt sagt, ich soll _____.

4 Guten Tag, was fehlt Ihnen denn? Spielen Sie die Dialoge beim Arzt.

Situation 1   Rückenschmerzen – Schmerztabletten – Krankengymnastik machen – ruhen – nicht schwer heben – …
Situation 2   Bauchschmerzen – wenig essen – im Bett bleiben – Tee trinken – …

B Gesundheit in Deutschland

1 Welches Bild passt? Ordnen Sie zu.

1. Die Versichertenkarte brauchen Sie für den Besuch beim Arzt.
2. Jedes Quartal müssen Sie 10 Euro Praxisgebühr beim Arzt bezahlen.
3. Der Arzt gibt Ihnen eine Krankschreibung. Das Original schicken Sie an Ihre Krankenkasse und die Kopie ist für Ihren Arbeitgeber.
4. Der Hausarzt schreibt eine Überweisung für das Krankenhaus oder den Facharzt.
5. Für viele Medikamente brauchen Sie ein Rezept. Mit dem Rezept gehen Sie in die Apotheke. Für die Medikamente müssen Sie oft etwas bezahlen.

2 Ärzte und Krankenversicherung. Tauschen Sie Informationen im Kurs.

Wie heißt Ihre Krankenversicherung?
Haben Sie eine Versichertenkarte?
Können Sie einen guten Arzt empfehlen?
Suchen Sie im Telefonbuch einen Hausarzt, einen Zahnarzt und einen Augenarzt.

C Mein Kind ist krank

1 Hören Sie und kreuzen Sie an: Was ist richtig? 🔊 6

1. Wer ist krank?
   A ☐ Die Mutter ist krank.
   B ☐ Mahmut ist krank.
   C ☐ Burcu ist krank.

2. Was hat sie?
   A ☐ Sie hat Kopfschmerzen.
   B ☐ Der Hals tut weh.
   C ☐ Der Bauch tut weh.

3. Was macht Burcu heute?
   A ☐ Burcu geht später zur Schule.
   B ☐ Burcu geht nicht zur Schule und die Mutter schreibt eine Entschuldigung.
   C ☐ Burcu und ihre Mutter gehen sofort zum Arzt.

4. Was macht die Mutter?
   A ☐ Sie holt das Fieberthermometer und misst Fieber.
   B ☐ Sie macht den Fernseher an.
   C ☐ Sie gibt Medikamente.

Ein Kind fehlt drei Tage oder länger in der Schule: Sie brauchen eine Krankschreibung vom Kinderarzt.

2 Ergänzen Sie die Entschuldigung für die Schule.
Ü12

entschuldigen – Grüßen – Fieber – zum Unterricht – Tochter

> Berlin, den ...
>
> Sehr geehrter Herr Nolte,
>
> meine _____ Burcu kann heute leider nicht _____
> kommen. Sie hat _____ .
> Bitte _____ Sie das Fehlen von Burcu.
> Mit freundlichen _____
> Gülay Usta

3 Ihr Kind ist krank. Was machen Sie? Erzählen Sie im Kurs.
Ü13–15

Fieber messen – Tee kochen – Suppe kochen – Medikamente geben – eine Geschichte vorlesen – Schokolade kaufen

dreizehn **13**

D Im Krankenhaus

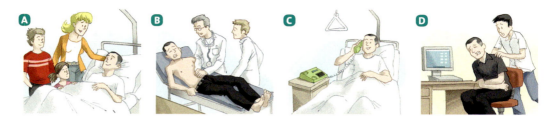

1a Ordnen Sie zu: Welches Bild passt zu welchem Text?

1. ◯ Herr Kuhn hat Bauchschmerzen. Ein Kollege bringt <u>ihn</u> zum Arzt. Der Hausarzt untersucht <u>ihn</u>: „Sie haben eine Blinddarmentzündung. Sie müssen sofort ins Krankenhaus."

2. ◯ Die Ärzte im Krankenhaus untersuchen <u>ihn</u> noch einmal und sagen: „Wir müssen <u>Sie</u> sofort operieren."

3. ◯ Am nächsten Tag geht es Herrn Kuhn schon besser. Seine Familie besucht <u>ihn</u>.

4. ◯ Nach fünf Tagen kann Herr Kuhn wieder nach Hause gehen. Er ruft seine Frau an: „Holst du <u>mich</u> morgen ab?" „Ja, klar. Wann soll ich <u>dich</u> abholen?" „Am besten um elf Uhr."

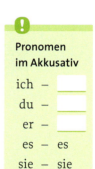

Pronomen im Akkusativ

ich – ☐
du – ☐
er – ☐
es – es
sie – sie
wir – uns
ihr – euch
sie – sie
Sie – ☐

1b Ergänzen Sie die Tabelle mit den markierten Pronomen im Text.

Ü16

1c Lesen Sie den Text noch einmal und beantworten Sie die Fragen.

1. Was hat Herr Kuhn?
2. Wann operieren ihn die Ärzte?
3. Wer besucht ihn?
4. Wann kann er nach Hause gehen?

2 Frau Kuhn ruft ihren Mann im Krankenhaus an. Spielen Sie Dialoge.

Ü17-20

anrufen
meinen Chef – meine Eltern – meine Schwester – mich jeden Tag

brauchen
dein Handy – deine Uhr – deinen Computer – deine Schuhe

Rufst du meinen Chef an?

*Ja, ich rufe **ihn** an.*

Brauchst du dein Handy?

*Nein, ich brauche **es** nicht.*

14 *vierzehn*

E   112 – der Notruf

1
Ü21

Lesen Sie die Regeln für einen Notruf.
Hören Sie dann den Dialog und ordnen Sie die Fragen zu. 🔊 7

(1) ◂ Mein Name ist Demirel.

◯ ◂ Es gibt einen Unfall.

◯ ◂ Wo sind Sie?
◂ Ich bin in der Bahnhofstraße Ecke Schillerstraße.

◯ ◂ Wie viele Personen sind verletzt?
◂ Ich glaube drei Personen: zwei Frauen und ein kleines Kind.

◯ ◂ Wie sind die Personen verletzt?
◂ Entschuldigung, ich spreche nicht gut Deutsch. Ich kann es nicht erklären. Bitte kommen Sie schnell, es ist dringend.
◂ Ich schicke einen Notarzt. Er kommt in wenigen Minuten.

◯ ◂ Bitte legen Sie nicht auf. Sagen Sie mir noch einmal Ihren Namen.
◂ Demirel.
◂ Und der Vorname? …

Wichtige Regeln für einen NOTRUF

Jede/r muss helfen
und einen Notruf machen.
Sprechen Sie langsam und deutlich.
Sprechen Sie nach dem folgenden Schema:

1. **WER** ruft an?
2. **WO** ist der Notfall?
3. **WAS** ist passiert?
4. **WIE VIELE** Personen sind verletzt?
5. **WIE** ist die Situation?
6. **WARTEN** Sie auf Rückfragen!

2
Ü22

Spielen Sie Notruf-Dialoge.

Situation 1
Feuer im Haus – Adresse: Bergstraße 15 – im 2. Stock – man sieht keine Personen

Situation 2
Schmerzen in der Brust – kann nicht sprechen – alter Mann

8 Alles klar!

Kommunikation

1 Frau Mohn möchte einen Termin für ihren Sohn. Ordnen Sie den Dialog und kontrollieren Sie mit der CD.

- (5) ◁ Auf Wiederhören.
- (2) ◁ Was hat Ihr Sohn denn?
- (3) ◁ Ja, dann kommen Sie doch gleich vorbei. Wie lange brauchen Sie?
- (1) ◁ Praxis Dr. Müller, Evelyn Merk.
- (4) ◁ Gut, Frau Mohn, dann um halb elf.

- (2) ◁ Er hat Ohrenschmerzen und weint.
- (4) ◁ Danke, auf Wiederhören.
- (3) ◁ Ungefähr 20 Minuten.
- (1) ◁ Guten Tag, ich hätte gern einen Termin für meinen Sohn.

2a Was fehlt den Personen? Schreiben Sie Sätze.

  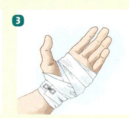 

2b Was sollen die Personen machen? Schreiben Sie Ratschläge.

3 Schreiben Sie eine Entschuldigung für die Schule.

Sehr geehrter Herr Nolte, – München, den 5.3.2009 – Mit freundlichen Grüßen Bitte entschuldigen Sie – zum Unterricht kommen. – ~~Tobias~~ – kann heute leider nicht – das Fehlen von Tobias. – Er hat Fieber.

Tobias

16 *sechzehn*

Wortschatz

4 Silbenrätsel. Bilden Sie Wörter und ergänzen Sie den Text.

Haus – ~~Bauch~~ – _ope_ – _un_ – Krank –
arzt – ~~schmer~~ – schrei – ~~zen~~ – sucht – _ren_ – _ter_ – bung – rie

Herr Kuhn hat plötzlich **Bauchschmerzen** . Er geht zu seinem HAUSARZT   .

Der Arzt UNTERSUCHT   ihn und schreibt eine Überweisung für das Krankenhaus.

Die Ärzte im Krankenhaus OPERIEREN   ihn. Herr Kuhn kann zwei Wochen nicht

arbeiten. Der Arzt gibt ihm eine KRANKSCHREIBUNG für seinen Arbeitgeber.

Grammatik

5 Ergänzen Sie *sollen*.

1. ◖ Wie oft _____ du das Medikament nehmen?

   ◖ Der Arzt sagt, ich _____ es dreimal pro Tag nehmen.

2. Der Arzt sagt, ich _____ viel schlafen.

3. ◖ Tom, ihr macht morgen einen Ausflug mit dem Kurs. Was sagt die Lehrerin, was

   _____ ihr mitbringen?

   ◖ Wir _____ nur Essen und Trinken mitbringen.

6 Antworten Sie und ergänzen Sie die Pronomen im Akkusativ.

1. ◖ Hast du meinen Bleistift? ◖ Nein, ich habe _____ nicht.

2. ◖ Siehst du die Kinder? ◖ Nein, ich sehe _____ nicht.

3. ◖ Brauchst du das Buch? ◖ Nein, ich brauche _____ nicht.

4. ◖ Besuchst du uns heute? ◖ Nein, ich kann _____ heute leider nicht besuchen.

5. ◖ Bringst du _____ zur Schule? ◖ Nein, ich kann dich leider nicht bringen.

Flüssig sprechen

7 Hören Sie zu und sprechen Sie nach. 🔊 ⁹

siebzehn **17**

8 Gewusst wie

Kommunikation

Beim Arzt

◖ Ich hätte gern einen Termin.
◖ Ich habe Zahnschmerzen und möchte schnell einen Termin.

◖ Was fehlt Ihnen?
◖ Sie müssen viel Tee trinken.
◖ Sie müssen im Bett bleiben.

◖ Können Sie am nächsten Montag um neun Uhr?
◖ Ich habe einen Termin am Freitag um 18 Uhr.

◖ Ich bin erkältet und habe seit drei Tagen Halsschmerzen und Kopfschmerzen.
◖ Ich habe immer Rückenschmerzen.
◖ Meine Tochter ist krank. Sie hat Fieber und der Kopf tut weh.

Eine Entschuldigung schreiben

Sehr geehrter Herr Müller,
meine Tochter Sarafina kann heute leider nicht zum Unterricht kommen.
Sie ist krank. Bitte entschuldigen Sie das Fehlen von Sarafina.
Mit freundlichen Grüßen
Stella Lutter

Grammatik

Das Modalverb *sollen*

Der Arzt sagt, ich	soll	viel Tee		trinken.
Der Arzt sagt, ich	soll	im Bett		bleiben.
Wann	soll	ich die Tabletten		nehmen?

	sollen
ich	soll
du	sollst
er/es/sie	soll
wir	sollen
ihr	sollt
sie/Sie	sollen

Pronomen

Nominativ	Akkusativ
ich	mich
du	dich
er	ihn
es	es
sie	sie
wir	uns
ihr	euch
sie/Sie	sie/Sie

Die Ärzte untersuchen **den Patienten.**
Die Ärzte untersuchen **ihn.**

Ich esse **die Suppe** gern.
Ich esse **sie** gern.

Brauchst du **das Handy**?
Brauchst du **es**?

18 *achtzehn*

Sie lernen:
- Wege beschreiben und nach dem Weg fragen
- Regeln im Straßenverkehr beschreiben
- Verkehrsmittel benennen
- lokale Präpositionen
- Modalverb „dürfen"
- Das Pronomen „man"

9

Meine Wege durch die Stadt

1 Ordnen Sie die Verkehrsmittel zu. Hören Sie dann und sprechen Sie nach. 🔊 10
Ü1

- (8) das Auto
- ( ) die U-Bahn
- ( ) die Straßenbahn
- ( ) der Bus
- ( ) das Motorrad
- ( ) der Zug
- ( ) das Schiff
- ( ) die S-Bahn
- ( ) das Flugzeug

2 Machen Sie eine Umfrage im Kurs. Welche Verkehrsmittel benutzen Sie?
Ü2+3

	täglich	manchmal	selten	nie
U-Bahn	++++		I	
Fahrrad		III		II
Bus	II			

Wie oft fliegen Sie mit dem Flugzeug? — *Manchmal.*

Fährst du oft mit dem Fahrrad? — *Nein, nie.*

 Ich fahre **mit** dem Bus / dem Auto / der U-Bahn.
aber: Ich gehe **zu** Fuß.

neunzehn **19**

9 Meine Wege durch die Stadt

A Der Weg zur Arbeit

1 Wege zur Arbeit. Lesen Sie die Texte und ergänzen Sie die Tabelle.

1. Ich heiße Marco Schmidt. Ich wohne in Kleefeld und arbeite bei der Post. Ich brauche morgens eine Stunde zur Arbeit. Ich gehe zu Fuß zum Bahnhof. Dann fahre ich zuerst mit dem Zug nach Hannover und dann fahre ich mit der Straßenbahn zum Büro.

2. Ich bin Ariane Pampel. Ich wohne und ich arbeite in Berlin. Ich brauche nur 20 Minuten zur Arbeit. Zuerst fahre ich mit dem Fahrrad zur S-Bahn. Dann fahre ich zehn Minuten mit der S-Bahn zur Arbeit.

	Herr Schmidt	Frau Pampel
wohnt in ...		
arbeitet in ...		
fährt mit ...		
braucht ...		

2a Welche Verkehrsmittel benutzen die Personen? Hören Sie und ordnen Sie zu.

 A  B  C  D  E

2b Hören Sie noch einmal. Wie lange brauchen Frau Sander und Herr Hoppe zur Arbeit?

3 Ihre Wege. Erzählen Sie.

Wie kommen Sie zur Bibliothek? Wie lange brauchen Sie?

Ich brauche eine halbe Stunde. Ich gehe zu Fuß zur U-Bahn, dann fahre ich zehn Minuten mit der U-Bahn.

20 zwanzig

Sie lernen:
- über Ihr Leben früher sprechen
- eine Postkarte schreiben
- über Alltagsaktivitäten sprechen
- von einer Reise erzählen
- Perfekt
- Präposition „seit"

10

Mein Leben

1 früher

3 früher

5 früher

3 heute

4 heute

6 heute

1 Das Leben von Kia Chung und Carlos Soto. Fragen und antworten Sie.
Ü1+2

1. Was war Carlos Soto früher von Beruf?
2. Was ist er heute von Beruf?
3. Wo war Carlos Soto früher?
4. Wo ist Kia Chung heute?
5. War sie früher verheiratet?
6. Wie viele Kinder hat Kia Chung heute?

früher	heute
Verkäufer	Taxifahrer
in einer Großstadt	in einer Kleinstadt
ledig	verheiratet
keine Kinder	zwei Kinder

2 Was war früher? Was ist heute? Sammeln Sie im Kurs.
Ü3+4

Früher hatte ich kein Auto. Jetzt habe ich ein Auto.

Früher war ich Arzt. Jetzt bin ich ...

neunundzwanzig **29**

10 Mein Leben

A Gestern und heute

1a Natascha. Lesen Sie die Sätze und ordnen Sie sie den Bildern zu.

A ⑥ B ⑧ C ⑤ D ① E ⑦ F ③ G ④ H ⑨ I ② J ⑩

1. Heute räumt sie zu Hause auf.
2. Gestern hat Natascha vom Urlaub geträumt.
3. Heute kauft sie Gemüse und Obst auf dem Markt ein.
4. Gestern hat Natascha eine Fertigpizza gemacht.
5. Gestern hat Natascha das Büro aufgeräumt.
6. Gestern hat Natascha im Büro gearbeitet.
7. Gestern hat Natascha im Supermarkt eingekauft.
8. Heute arbeitet sie nicht.
9. Heute kocht sie mit einer Freundin.
10. Heute sucht sie im Internet Reiseangebote.

1b Gestern oder heute? Machen Sie eine Tabelle und ordnen Sie die Sätze.

gestern	heute
Gestern hat Natascha im Büro gearbeitet.	Heute arbeitet ...

1c Hören Sie die Sätze und vergleichen Sie mit Ihrer Tabelle. Lesen Sie dann die Sätze zu zweit. 🔊 18

Ü5

30 *dreißig*

2 Ergänzen Sie die Partizipien aus 1a.

Perfekt			regelmäßige Partizipien	
			ge ... (e)t	... ge ... t
Was	hat Natascha gestern	gemacht ?	geträumt	eingekauft
Gestern	hat Natascha im Supermarkt	eingekauft .	GEARBEITET	AUFGERÄUMT
			GEMACHT	

3 Regelmäßige Verben. Ergänzen Sie das Partizip und die Sätze.

Infinitiv	Partizip					
lernen	gelernt	Ich	habe	gestern viel	gelernt	.
spielen	GESPIELT	Er	HAT	gestern Fußball	GESPIELT	.
reden	GEREDET	Ihr	HABT	viel	GEREDET	.
hören	GEHÖRT	Wir	HABEN	am Wochenende viel Musik	GEHÖRT	.
kochen	GEKOCHT		HABT	ihr schon das Abendessen	GEKOCHT	?
abholen	ABGEHOLT	Sie	HAT	die Kinder vom Kindergarten	ABGEHOLT	.
machen	GEMACHT		HAST	du die Hausaufgaben	GEMACHT	?

4 Hören Sie zu und sprechen Sie nach.

1. Ich habe eingekauft.
   Ich habe gestern eingekauft.
   Ich habe gestern im Supermarkt eingekauft.
   Ich habe gestern im Supermarkt Obst eingekauft.
   Ich habe gestern im Supermarkt Obst und Gemüse eingekauft.
2. Ich habe gekocht. (gestern/mit einer Freundin/Reis/und Gemüse)

5 Fragen und antworten Sie.

Haben Sie gestern eingekauft? — *Ja, ich habe ...*

Hast du gestern gearbeitet? — *Nein, ich habe nicht ...*

mit den Kindern gespielt – Musik gehört – Karten gespielt – Sport gemacht – Essen gekocht – Radio gehört – die Wohnung aufgeräumt – mit Freunden geredet

einunddreißig 31

10 Mein Leben

B Unterwegs

1 Lesen Sie die Postkarte und kreuzen Sie an: richtig oder falsch?

Liebe Claudia,

viele Grüße aus Wien! Ich <u>bin</u> mit den Kindern zu meinem Bruder <u>gefahren</u>. Markus <u>ist</u> leider nicht <u>mitgekommen</u>. Er hatte keine Zeit.
Wir <u>haben</u> viel <u>gemacht</u>. Am ersten Tag <u>haben</u> wir den Prater gesehen, wir <u>sind</u> mit einem Schiff auf der Donau <u>gefahren</u> und wir <u>sind</u> spazieren <u>gegangen</u>. Gestern <u>sind</u> wir zu Hause <u>geblieben</u>. Wir waren müde. Die Kinder <u>haben</u> lange geschlafen und ich <u>habe</u> viel <u>gelesen</u>. Dann <u>haben</u> wir bei meinem Bruder gemütlich <u>gegessen</u> und getrunken. Heute geht es wieder los. Wir wollen einen Ausflug nach Semmering machen.

Liebe Grüße von Simone

	R	F
1. Simone ist in Wien.	☒	☐
2. Markus und die Kinder sind auch in Wien.	☐	☒
3. Sie haben schon viel gesehen.	☒	☐

2 Hören Sie und kreuzen Sie an: Was ist passiert? 🔊 [20]

1. A ☐ Markus ruft Simone an.
   B ☒ Simone ruft Markus an.
   C ☐ Claudia ruft Simone an.
2. A ☒ Simone kann den Autoschlüssel nicht finden.
   B ☐ Das Auto ist kaputt.
   C ☐ Markus braucht das Auto.
3. A ☐ Simone möchte schnell zurückfahren.
   B ☒ Markus soll schnell anrufen.
   C ☐ Markus möchte auch nach Wien kommen.

3a Ü11+12 Perfekt mit *haben* oder *sein*. Markieren Sie das Perfekt in der Postkarte und schreiben Sie die Sätze in eine Tabelle.

Perfekt mit <u>sein</u>	Perfekt mit <u>haben</u>
Ich <u>bin</u> mit den Kindern zu meinem Bruder <u>gefahren</u>.	Wir <u>haben</u> viel <u>gemacht</u>.
Markus <u>ist</u> leider ...	Am ersten Tag <u>haben</u> ...

32 zweiunddreißig

3b Unregelmäßige Partizipien. Wie heißt der Infinitiv?

essen	gegessen	FAHREN	gefahren	SEHEN	gesehen
TRINKEN	getrunken	GEHEN	gegangen	BLEIBEN	geblieben
SCHLAFEN	geschlafen	LESEN	gelesen	MITKOMMEN	mitgekommen

4 Schreiben Sie Sätze im Perfekt.

1. Markus – nach Wien – gekommen
   MARKUS IST NACH WIEN GEKOMMEN

2. Sie – zusammen nach Semmering – gefahren
   SIE SIND ZUSAMMEN NACH SEMMERING GEFAHREN

3. Sie – das Schloss in Wien – gesehen
   SIE HABEN DAS SCHLOSS IN WIEN GESEHEN

5 Üben Sie zu zweit.

arbeiten – essen –
fahren – gehen –
schlafen – lesen –
lernen – machen –
bleiben – trinken

6 Was haben Sie am letzten Wochenende gemacht? Erzählen Sie.

mit der Familie	gesehen	ins Kino	gegangen
bei Freunden	gegessen	nach Hause	gefahren
im Supermarkt	gespielt	in die Disko	
auf dem Markt	Tee getrunken	zu Freunden	
Karten	… gekauft	zu meiner Familie	
einen Film	eingekauft	in die Stadt	

dreiunddreißig **33**

10 Mein Leben

C Mein Leben früher und heute

1a Stationen im Leben von Herrn Soto. Schreiben Sie zu jedem Bild einen Satz.
Ü17

> A) Herr Soto hat drei Kinder.
> B) Er

1b Hören Sie das Interview und bringen Sie die Bilder in die richtige Reihenfolge. 🔊 21

1c Hören Sie noch einmal und kreuzen Sie an: Was ist richtig? 🔊 21
Ü18

1. In wie vielen Orten hat Herr Soto schon gelebt?
   - A ○ In vier Orten.
   - B ○ In drei Orten.
   - C ○ In zwei Orten.
2. Wo hat er Deutsch gelernt?
   - A ○ Er hat in Costa Rica gut Deutsch gelernt.
   - B ○ Er hat in Frankfurt Deutsch gelernt.
   - C ○ Er macht jetzt einen Deutschkurs.
3. Was ist er von Beruf?
   - A ○ Verkäufer.
   - B ○ Taxifahrer.
   - C ○ Reinigungskraft.
4. Wo macht er Urlaub?
   - A ○ Er macht keinen Urlaub. Er hat keine Zeit.
   - B ○ Er macht Urlaub in Deutschland.
   - C ○ Er macht Urlaub in Costa Rica.

34 *vierunddreißig*

2 Jahreszahlen. Schreiben Sie die Jahreszahlen und lesen Sie sie laut.

1978 *neunzehnhundertachtundsiebzig*

1996 _____

2005 _____

1986 _____

> 1989 neunzehnhundertneunundachtzig
> 2001 zweitausendeins

2000 _____

2009 _____

3a Ein Interview. Was passt zusammen? Schreiben Sie Fragen.
Ü19   Es gibt viele Möglichkeiten.

Haben Sie	sind Sie nach Deutschland gekommen?
Wo	auf dem Land oder in einer Stadt gelebt?
Wann	haben Sie gearbeitet?
Wie lange	haben Sie Deutsch gelernt?
Seit wann	haben Sie früher gelebt?
	in Deutschland schon gearbeitet?
	wohnen Sie hier in ...?

seit ... → heute
Seit wann wohnt er in Deutschland?
Er wohnt seit 2005 in Deutschland.

3b Machen Sie ein Interview mit Ihrem Partner / Ihrer Partnerin und berichten Sie im Kurs.

Sie hat früher in ... gelebt.
Die Stadt heißt ...
Er hat in einer Großstadt gelebt.

4 Projekt: Perfekt-Plakat. Sammeln Sie Verben, schreiben Sie die Perfektform und malen Sie ein Bild dazu.

10 Alles klar!

Kommunikation

1 Eva schreibt an Martin. Ordnen Sie die Satzteile und schreiben Sie die Postkarte.

~~Eva~~ – ~~Lieber Martin,~~ – ~~Viele Grüße~~ – ~~Das Wetter ist~~ – ~~Am Samstag komme ich~~ – ~~viel Spaß.~~ – ~~wieder zurück.~~ – ~~seit drei Tagen bin ich~~ – ~~super und wir haben~~ – ~~hier bei meiner Freundin Clara in München.~~

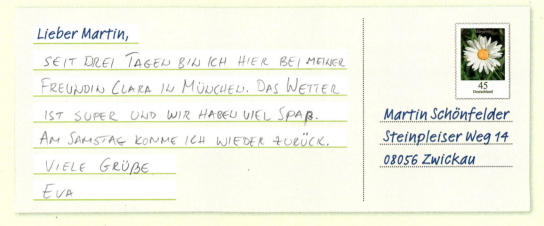

Lieber Martin,
SEIT DREI TAGEN BIN ICH HIER BEI MEINER FREUNDIN CLARA IN MÜNCHEN. DAS WETTER IST SUPER UND WIR HABEN VIEL SPAß. AM SAMSTAG KOMME ICH WIEDER ZURÜCK.
VIELE GRÜßE
EVA

Martin Schönfelder
Steinpleiser Weg 14
08056 Zwickau

2 Hören Sie den Anrufbeantworter und sprechen Sie eine Nachricht für Ihre Freunde. 🔊 22

Warum kommt ihr nicht?
Würstchen gekauft!
Etwas passiert?
Eine Stunde gewartet!

Wortschatz

3 Gegensätze. Welches Wort passt?

Kleinstadt – ledig – schwer – früher

1. Die Arbeit ist nicht einfach, sie ist sehr _____.
2. Jetzt ist er in Europa, _____ war er in Asien.
3. Frankfurt ist eine Großstadt. Assenheim ist sehr klein, es ist eine _____.
4. Jetzt bin ich verheiratet, aber vor einem Jahr war ich noch _____.

36 sechsunddreißig

Grammatik

4 Schreiben Sie Sätze ins Heft.

1. Gestern / er / hat / gearbeitet / lange im Büro.
2. Nach der Arbeit / eingekauft / hat / er / für das Wochenende.
3. Dann / mit einem Freund / er / hat / gegessen.
4. Nach dem Essen / in die Disko / gegangen / sie / sind.
5. Er / nach Hause gekommen / ist / erst um drei Uhr.
6. Er / sehr müde / war / und er / geschlafen / sofort / hat.

5 Diese Verben sind regelmäßig. Ergänzen Sie das Partizip.

kaufen *gekauft*	spielen GESPIELT	lernen GELERNT
arbeiten GEARBEITET	einkaufen EINGEKAUFT	abholen ABGEHOLT
machen GEMACHT	aufräumen AUFGERÄUMT	reden GEREDET

6 Diese Verben sind unregelmäßig. Kennen Sie das Partizip? Ergänzen Sie.

schlafen *geschlafen*	gehen GEGANGEN	fahren GEFAHREN
bleiben GEBLIEBEN	trinken GETRUNKEN	essen GEGESSEN
lesen GELESEN	mitkommen MITGEKOMMEN	sehen GESEHEN

7a Welche Verben bilden das Perfekt mit *sein*? Markieren Sie.

kaufen   lesen   kommen   gehen   lernen   schlafen   fahren   bleiben   reden

7b Ergänzen Sie die Sätze mit den Verben aus 7a.

1. Wann ist er nach Deutschland GEKOMMEN ?
2. Gestern bin ich zu Fuß in die Stadt GEGANGEN .
3. Wir sind in den Ferien in die Heimat GEFAHREN .
4. Wir sind drei Wochen dort GEBLIEBEN .

7c Schreiben Sie fünf Sätze mit den Verben aus 7a.

Flüssig sprechen

8 Hören Sie zu und sprechen Sie nach. 🔊 23

siebenunddreißig **37**

10 Gewusst wie

Kommunikation

Über Ihr Leben früher sprechen

Früher habe ich in einem Dorf gelebt.
Meine Familie hatte ein Haus.
Das Leben war sehr schwer.
Dann habe ich in einer Stadt gelebt.
Das war sehr interessant.

Über Alltagsaktivitäten sprechen

Gestern habe ich lange geschlafen.
Dann habe ich auf dem Markt eingekauft.
Zu Hause habe ich aufgeräumt.
Am Abend bin ich ins Kino gegangen.

Von einer Reise erzählen

Wir sind nach Wien gefahren.
Wien ist toll. Wir haben viele Ausflüge
gemacht. Wir haben viel gesehen.

Einen Brief oder eine Postkarte schreiben (informell)

Anrede: Liebe Eva, / lieber Martin,
Text: …
Gruß: Viele Grüße
Unterschrift: Simone

Grammatik

Perfekt: *haben/sein* + Partizip

	haben/sein		Partizip am Ende
Er	hat	in einer Großstadt	gelebt.
Wann	sind	Sie nach Deutschland	gekommen?
Ich	bin	1995 nach Deutschland	gekommen.
	Haben	Sie gestern auf dem Markt	eingekauft?

Regelmäßige Partizipien

ge…(e)t: **ge**mach**t**, **ge**lern**t**, **ge**spiel**t**, **ge**arbeit**et**, **ge**leb**t**, …
…ge…(e)t: ab**ge**hol**t**, ein**ge**kauf**t**, auf**ge**räum**t**, …

Unregelmäßige Partizipien

schlafen – hat geschlafen
kommen – ist gekommen
trinken – hat getrunken

lesen – hat gelesen
fahren – ist gefahren
gehen – ist gegangen

essen – hat gegessen
bleiben – ist geblieben
sehen – hat gesehen

Präposition *seit*

seit … → heute
Er ist seit 1995 in Deutschland.

Sie lernen:
- Fragen stellen und etwas erklären
- sich bedanken
- um Hilfe bitten und auf Bitten reagieren
- Datum
- Personalpronomen im Dativ
- „für" + Akkusativ

11

Ämter und Behörden

 A Agentur für Arbeit
 B Familienkasse
 C Kfz-Zulassungsstelle
 D Standesamt

1a Was kann man hier tun? Ordnen Sie zu.

Ü1+2

~~heiraten~~ – das Auto anmelden und abmelden – Kindergeld beantragen – eine Berufsberatung bekommen

Foto A _____   Foto C _____
Foto B _____   Foto D *heiraten*

1b Wo ist das? Hören Sie die Dialoge und ordnen Sie sie den Fotos zu. 🔊 24

2 Welche Behörden kennen Sie in Ihrem Wohnort? Sprechen sie im Kurs.

> Für mich ist das Bürgeramt sehr wichtig. Da ist auch das Ausländeramt.

> Ich wohne in Merzhausen. Das ist ein Dorf. Hier sind alle Ämter und Behörden im Rathaus.

neununddreißig **39**

11 Ämter und Behörden

A Bei der Meldestelle

1a Ein Formular. Lesen Sie die Aussagen und kreuzen Sie an: richtig oder falsch?

ANMELDEBESTÄTIGUNG				
Neue Wohnung			**Alte Wohnung**	
Tag des Einzugs 01.09.08			Straße, Hausnummer Vaubanallee 37	
Straße, Hausnummer Luckenbachweg 15			Gemeinde Freiburg	
Gemeinde Freiburg				
Vermieter Bauverein Breisgau				
Die Wohnung ist:	Hauptwohnung	X	Nebenwohnung	
Familienname Lopez	Vorname Guiseppe	männl. X weibl.	Geburtsdatum 12.10.73	
Geburtsort Madrid/Spanien	Familienstand ledig	berufstätig ja X nein	Staatsangehörigkeit spanisch	

	R	F
1. Herr Lopez hat früher im Luckenbachweg gewohnt.	○	⊗
2. Herr Lopez ist 1973 geboren.	○	○
3. Herr Lopez ist in Deutschland geboren.	○	○
4. Herr Lopez ist Spanier.	○	○

1b Wichtige Informationen in Formularen. Ergänzen Sie die Sätze.

Ü3

Tag des Einzugs – ~~Geburtsdatum~~ – Vermieter – Familienstand –
Gemeinde – Hauptwohnung – Staatsangehörigkeit – Geburtsort

1. Ich bin in Madrid geboren. Das ist mein _____ .

2. Ich bin am 12.10.1973 geboren. Das ist mein *Geburtsdatum* .

3. Ich bin nicht verheiratet, ich bin ledig. Das ist mein _____ .

4. Meine _____ ist spanisch.

5. Meine Wohnung ist im Luckenbachweg 15. Das ist meine _____ .
   Ich habe keine andere Wohnung.

6. Ich miete die Wohnung. Der Bauverein Breisgau ist mein _____ .

7. Ich wohne seit dem 1.9.2008 in der Wohnung. Das ist der _____ .

8. Eine Stadt oder ein Dorf nennt man auch _____ .

40 *vierzig*

2 Datum. Ergänzen Sie.

1 – 19 + *ten*
am 1. – am **ersten**
am 2. – am zwei *ten*
am 3. – am **dritten**
am 4. – am vier *ten*
am 5. – am fünf *ten*
am 6. – am sechs *ten*
am 7. – am **siebten**
am 8. – am **achten**
am 9. – am neun *ten*
am 10. – am zehn *ten*

ab 20 + *sten*
am 20. – am zwanzig *sten*
am 21. – am einundzwanzig *sten*
am 22. – am zweiundzwanzig *sten*
am 30. – am dreißig *sten*
am 31. – am einunddreißig *sten*

Das Geburtsdatum sagt man so:
Guiseppe Lopez ist am 12.10.1973 geboren.
Er ist am zwölf**ten** Zehn**ten** neunzehnhundert-dreiundsiebzig geboren.

3 Fragen und antworten Sie.

Tim Hof: 27.3.2001

Tina Abt: 28.1.1991

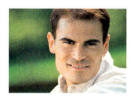
Rolf Klug: 19.2.1973

Anna Süß: 17.6.1927

Wann ist Tim geboren?

Er ist am ... geboren.

4 Hören Sie und ergänzen Sie das Geburtsdatum.

1. Stefan Ruland ist am *14.7.1972* geboren.
2. Katrin Ruland ist am *02.05.1974* geboren.
3. Sandra ist am *09.09.1999* geboren.
4. Robert ist am *26.03.2004* geboren und Tobias ist am *31.01.2006* geboren.

5 Wichtige Termine. Was muss Frau Müller in den nächsten Monaten machen?

15.03. Auto anmelden
17.04. Hochzeitstag: Blumen kaufen
31.08. umziehen
12.09. Bürgeramt: Wohnung anmelden

Am 15.03. muss Frau Müller das Auto anmelden.

11 Ämter und Behörden

B Einen Wohngeldantrag stellen

1 Ordnen Sie die Wörter zu.
Ü8

❶ ◯   ❷ ◯   ❸ ◯

A die Gehaltsabrechnung   **B** der Mietvertrag   **C** der Wohngeldantrag

2a Hören Sie den Dialog und kreuzen Sie an: Welcher Satz passt? 🔊 26

A ◯ Ulrich Kars, ein Kollege von Herrn Usta, bezahlt nicht viel Miete. Er braucht kein Wohngeld.

B ◯ Die Firma von Herrn Usta hat nicht mehr so viel Arbeit. Herr Usta arbeitet nur noch vier Tage in der Woche und verdient nicht genug Geld.

2b Hören und lesen Sie den Dialog weiter und beantworten Sie die Fragen. 🔊 27
Ü9

1. Wo bekommt man in Potsdam einen Wohngeldantrag?
2. Was braucht man für einen Wohngeldantrag?
3. Wer hat Ulrich Kars bei dem Wohngeldantrag geholfen?

◁ Wohngeld?
◁ Ja, die Wohnung gehört mir, aber ich bekomme jetzt Wohngeld. Das Gehalt allein ist für die Wohnung und meine Familie nicht genug.
◁ Ich habe eine Mietwohnung. Wohngeld ist vielleicht eine Lösung. Aber wo beantragt man das?
◁ In Potsdam macht man das bei der Stadtverwaltung. Ich gebe dir gern ein paar Tipps.
◁ Aber ich wohne in Berlin. Hier ist das vielleicht anders. Und in Formularen verstehe ich oft nicht alles.
◁ Ja, der Wohngeldantrag ist kompliziert und man braucht auch Gehaltsabrechnungen. Du brauchst auch den Mietvertrag. Aber der Beamte hat mir geholfen. Ich bringe dir morgen eine Informationsbroschüre mit.
◁ Das ist nett, ich danke dir.

3a Lesen Sie den Dialog noch einmal und ergänzen Sie die Verben.

1. Die Wohnung _____ mir.
2. Ich _____ dir gern ein paar Tipps.
3. Aber der Beamte hat mir _____ .
4. Ich _____ dir morgen eine Informationsbroschüre _____ .
5. Ich _____ dir.

3b Ergänzen Sie die Personalpronomen.

Ü10

Nominativ	Dativ
ich	
du	
wir	uns
ihr	euch
Sie	Ihnen

❗ **Wem** gehören die Bücher?
Die Bücher gehören **mir**.

4 Ergänzen Sie die Sätze mit den Personalpronomen im Dativ.

Ü11-13

1. ◖ Hilfst du _uns_ (wir)? ◖ Ja, ich helfe _____ (ihr) gern.
2. Das Haus gehört _____ (ich).
3. Du hast _____ (ich) sehr geholfen. Ich danke _____ (du)!
4. Warten Sie einen Moment! Ich helfe _____ (Sie)!
5. ◖ Wem gehören die Fahrräder? ◖ Sie gehören _____ (wir).

5 Sammeln Sie Gegenstände im Kurs. Wem gehört was?
Fragen und antworten Sie.

11 Ämter und Behörden

C Was braucht man für … ?

1 Was braucht man? Ergänzen Sie die Sätze.

Autokennzeichen – Gehaltsabrechnung –
Pass – Mietvertrag

1. Für den Wohngeldantrag braucht man
   den _____ und die _____ .

2. Für die Kfz-Zulassung braucht man das
   _____ .

3. Für die Meldestelle braucht man den _____ .

2 Was braucht man für …? Fragen und antworten Sie.

Ü 14-16

der Deutschkurs – ein Wörterbuch
eine Fahrt mit der Straßenbahn – eine Fahrkarte
ein Medikament – ein Rezept
ein Arztbesuch – ein Termin
die Hochzeit – zwei Ringe, ein Termin beim Standesamt
ein Fest – Getränke, Chips, Musik, …

für + Akkusativ	
m	für den/einen
n	für das/ein
f	für die/eine
Pl.	für die/–

Was braucht man für den Deutschkurs?

Man braucht ein Wörterbuch.

3 Projekt: Behörden in Ihrem Wohnort. Wo ist was? Sammeln Sie Informationen und machen Sie ein Kursplakat.

Wo ist das Ausländeramt?
Wo ist die Agentur für Arbeit?
Wo gibt man Wohngeldanträge ab?

Wo meldet man das Auto an?
Welche Formulare kann man aus dem Internet herunterladen?

D Können Sie mir helfen?

1a Ergänzen Sie die Dialoge und kontrollieren Sie dann mit der CD. 🔊)) 28

Ü17

Dialog 1

Termin – Vielen Dank – Entschuldigen Sie

❮ _____ bitte, wo
finde ich Frau Barth?
❮ Haben Sie einen _____ ?
❮ Ja, um elf Uhr.
❮ Das Büro von Frau Barth ist im Erd-
geschoss Zimmer 31.
❮ _____ .

Dialog 2

danke – helfen – verstehe

❮ Verzeihung, können Sie mir _____ ?
Ich _____ das Wort *Familienstand*
nicht. Was bedeutet das?
❮ Sind Sie verheiratet?
❮ Ja, das bin ich.
❮ Dann tragen Sie bei Familienstand
verheiratet ein.
❮ Ich _____ Ihnen.

1b Hören Sie zwei weitere Dialoge und kreuzen Sie an: Was ist richtig? 🔊)) 29

Ü18+19

1. A ⭕ Der Mann kann die Kursgebühr nicht bezahlen.
   B ⭕ Der Mann kann die Anmeldeformulare nicht finden.
   C ⭕ Der Mann versteht das Wort *Kursgebühr* nicht.

2. A ⭕ Wartenummern bekommt man am Informationsschalter.
   B ⭕ Die Frau hat die Wartenummer 51.
   C ⭕ Heute muss man lange warten.

2 Beim Bürgeramt. Spielen Sie Dialoge. 💬🗨

Ü20

1. Sie sind beim Bürgeramt und Sie suchen das Büro von Frau Dunkel.
   Antwort: im dritten Stock, Zimmer 351
2. Sie füllen ein Anmeldeformular aus und Sie verstehen das Wort *berufstätig* nicht.
   Antwort: man hat Arbeit, dann ist man berufstätig
3. Sie sind im Warteraum und Sie suchen die Wartenummern.
   Antwort: im Kasten links neben dem Eingang

| Entschuldigen Sie, bitte. Können Sie mir helfen? Ich habe eine Frage. | Ja, bitte. Ja, gern. Was kann ich für Sie tun? | Ich verstehe das Wort ... nicht. Was bedeutet das? Können Sie mir das erklären? Wo finde ich ...? Wo ist das Büro von ...? | Herzlichen Dank. Vielen Dank. Ich danke Ihnen. |

fünfundvierzig **45**

11 Alles klar!

Kommunikation

1 Ordnen Sie den Dialog und lesen Sie laut.

- (1) Entschuldigung, können Sie mir helfen?
- ( ) Dann tragen Sie bei Staatsangehörigkeit *spanisch* ein.
- ( ) Was kann ich für Sie tun?
- ( ) Ich habe hier ein Formular und ich verstehe das Wort *Staatsangehörigkeit* nicht.
- ( ) Ich komme aus Spanien.
- ( ) Woher kommen Sie?

2 Ordnen Sie die Fragen und Antworten zu.

Wo finde ich Frau Gerhard? **1** o   o **A** Das Feld für die Adresse ist hier.

Muss man hier lange warten? **2** o   o **B** Das weiß ich nicht.
Frag doch bei der Familienkasse.

Bekomme ich bei Ihnen **3** o   o **C** Ja, ich kann Ihnen ein Formular
Formulare für das Wohngeld? geben. Einen Moment, bitte.

Wo trage ich meine Adresse ein? **4** o   o **D** Sie ist im Zimmer 412 im vierten
Stock.

Was braucht man für den **5** o   o **E** Ich glaube nicht.
Kindergeldantrag? Heute sind hier wenige Leute.

3 Am Telefon. Schreiben und spielen Sie einen Dialog.

Bürgeramt Hannover, ... (Name) ———→ Guten Tag, hier spricht ... (Name)

Öffnungszeiten – wann?

Montag–Freitag, 8–12 Uhr ←———

Dienstag und Donnerstag auch 14–18 Uhr ———→ noch eine Frage: Meldestelle – Wo?

im zweiten Stock ←———

———→ Vielen Dank. / Auf Wiederhören.

Auf Wiederhören. ←———

46 *sechsundvierzig*

Wortschatz

4a Was passt zusammen? Ordnen Sie zu.

die Gehalts 1 o o A geld
der Wohngeld 2 o o B formular
das Kinder 3 o o C abrechnung
der Miet 4 o o D antrag
das Anmelde 5 o o E vertrag

4b Ergänzen Sie die Wörter aus 4a.

1. Herr Usta gibt den _____ beim Wohnungsamt ab. Er braucht auch einen _____ und eine _____ .

2. Das _____ bekommt man bei der Familienkasse.

3. Rosa Marini ist umgezogen. Für die Meldestelle braucht sie ein _____ .

Grammatik

5 *Danken, helfen* oder *gehören*: Welches Verb passt? Ergänzen Sie.

1. Frau Rekowski ist sehr nett. Sie *hilft* uns.
2. Das ist sehr nett. Ich *DANKE* Ihnen.
3. ‹ *GEHÖRST* dir das Auto? ‹ Ja, das ist mein Auto.
4. Ihr zieht doch um! Wir *HELFEN* euch gern.

6 Ergänzen Sie die Artikel im Akkusativ.

1. Für ein *EN* Besuch beim Arzt braucht man ein *E* Versichertenkarte und ein *EN* Termin.
2. Für ein ____ Fest braucht man Musik und Getränke.
3. Für ein *E* Fahrt mit dem Bus braucht man ein *E* Fahrkarte.

Flüssig sprechen

7 Hören Sie zu und sprechen Sie nach.

11 Gewusst wie

Kommunikation

Um Hilfe bitten und auf die Bitte reagieren

- Entschuldigen Sie, bitte, darf ich Sie etwas fragen?
- Ich habe eine Frage.
- Ja, bitte.
- Ja, gern.
- Was kann ich für Sie tun?

Sich bedanken

Vielen/Herzlichen Dank.
Ich danke Ihnen.

Fragen stellen und etwas erklären

- Was bedeutet das Wort *berufstätig*?
- *Berufstätig* bedeutet: Man hat einen Beruf und verdient Geld.
- Wo muss man das Geburtsdatum eintragen?
- Das Geburtsdatum tragen Sie hier rechts ein.

Grammatik

Personalpronomen

Nominativ	Dativ
ich	mir
du	dir
wir	uns
ihr	euch
Sie	Ihnen

Wichtige Verben mit Dativ

helfen, danken, gehören

- **Wem** gehört das Haus?
- Das Haus gehört **mir.**

Für + Akkusativ

Die Versichertenkarte braucht man **für den/einen** Arztbesuch.
Man braucht **für die** Behörden oft viele Dokumente.

Datum

am 1. – am **ersten**
am 2. – am zwei**ten**
am 3. – am **dritten**
am 4. – am vier**ten**
am 7. – am **siebten**
am 8. – am **achten**
am 10. – am zehn**ten**
am 20. – am zwanzig**sten**
am 27. – am siebenundzwanzig**sten**
am 30. – am dreißig**sten**

48 *achtundvierzig*

B Im Kaufhaus einkaufen

1a Lange Wörter (Komposita). Was passt zusammen? Suchen Sie die Wörter auf der Infotafel und verbinden Sie.

Computer 1 — A wäsche
Sport 2 — B spiele
Herren 3 — C schmuck
Mode 4 — D waren
Baby 5 — E artikel
Geschenk 6 — F bekleidung

1b Ergänzen Sie die Artikel.
Ü14+15

> das letzte Wort
> die Dame + **der Mantel**
> → **der Damen**mantel

der Herr   die Hose   ___ Herrenhose
die Dame   das Kleid   ___ Damenkleid
der Winter der Mantel ___ Wintermantel
der Sport   die Schuhe ___ Sportschuhe

2 Fragen und antworten Sie. Wo finden Sie was?
Ü16

> Wo finde ich Babywäsche?

> Im zweiten Stock.

Computerspiele – Sportwaren – Bücher – Uhren – Modeschmuck – Herrenbekleidung – Geschenkartikel

GALERIA KAUFHOF

3. Stock
- DVDs · CDs · Bücher
- 24-Stunden-Bestellservice
- Fotoalben · Bilderrahmen
- Computerspiele

2. Stock
- Kinderwelt · Kinderbekleidung
- Babywäsche · Sportwaren
- Haushaltswaren · Glas/Porzellan
- Geschenkartikel · Heimtextilien
- Elektro-Kleingeräte
- Computer-Zubehör
- Damen- und Herrenfriseur

1. Stock
- Damenbekleidung
- Marken-Shops · Young Fashion
- Accessoires/Modeschmuck
- Herrenbekleidung

Erdgeschoss
- Damenwäsche · Strumpfwaren
- Lederwaren · Schirme
- Zeitschriften · Parfümerie
- Süßwaren · Schreibwaren
- Uhren/Schmuck · Schlüsseldienst
- Schuhreparatur · Lotto/Toto

Untergeschoss
REWE

fünfundfünfzig **55**

12 Im Kaufhaus

3a Entschuldigung, wo finde ich …? Was sagen die Verkäuferinnen? Ordnen Sie zu.

Ü17+18

A Entschuldigung, wo finde ich die Toiletten? 8
B Ach bitte, wo kann ich das bezahlen? 4
C Entschuldigung, ich suche den Ausgang. 7
D Haben Sie Computerspiele? 3
E Wie lange haben Sie geöffnet? 5
F Danke, ich schaue nur. 1
G Kann ich das Kleid anprobieren? 6
H Gibt es den Mantel auch in Größe 40? 2

1. Kann ich Ihnen helfen?
2. Größe 40? Da muss ich nachsehen. Einen Moment, bitte.
3. Ja, in der Multimedia-Abteilung im vierten Stock.
4. Die Kasse ist dort hinten rechts.
5. Bis 20 Uhr.
6. Ja gern, die Umkleidekabinen sind da hinten links.
7. Den Ausgang? Der ist da vorne links.
8. Die sind im ersten Stock, direkt neben der Rolltreppe.

3b Spielen Sie Minidialoge. Verwenden Sie die Redemittel aus 3a.

Entschuldigung, ich suche Mädchenhosen.

56 sechsundfünfzig

4 Gespräche im Kaufhaus. Hören Sie und kreuzen Sie an: Was ist richtig? 🔊 36

Ü19+20

1. Was kostet der Mantel?

A ○ 59,00 €   B ○ 59,95 €   C ○ 95,95 €

2. Welche Größe gibt es nicht?

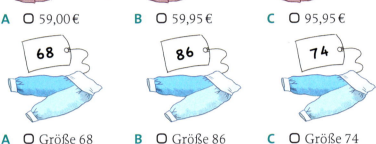

A ○ Größe 68   B ○ Größe 86   C ○ Größe 74

5a Was sagt der Verkäufer/die Verkäuferin? Was sagt der Kunde/die Kundin? Ordnen Sie zu.

Ü21+22

> 💬 Ich hätte gern ...   Größe 40? Da muss ich nachsehen.   Die Kasse ist dort hinten rechts.
> Was kostet ... ?   Gibt es ... auch in Größe ...?   Ich möchte ...   ... kostet ... Euro.
> In der ...abteilung im ersten/zweiten/dritten/vierten Stock.   Gern, die Umkleidekabinen sind ...
> Haben Sie (auch) ... ?   Nein danke, ich schaue nur.   Wo finde ich ...?
> Wo kann ich bezahlen?   Kann ich Ihnen helfen?   Kann ich ... anprobieren?
> Haben Sie ... auch in Rot/Weiß/... ?   Einen Moment, bitte.   Entschuldigung, ich suche ...
> Tut mir leid, das haben wir leider nicht.   Die Hose ist zu kurz/lang.

Verkäufer/Verkäuferin	Kunde/Kundin
Kann ich Ihnen helfen?	Ich hätte gern ...

5b Spielen Sie Einkaufsdialoge. 👥

6 Projekt: Sammeln Sie interessante Einkaufsmöglichkeiten. Machen Sie für die anderen Kursteilnehmer/innen eine Liste und geben Sie Einkaufstipps.

(Internet)Adresse	Was kann man kaufen?	Vorteile	Nachteile
Kaufhaus ...			
www.ebay.de	alles		

siebenundfünfzig **57**

12 Alles klar!

Kommunikation

1 Wie finden Sie die Kleidung? Schreiben Sie Sätze.

1. Das Kleid gefällt mir. Ich finde es elegant.
2.
3. DIE SCHUE GEFALLEN MIR. ICH FINDE SIE SCHICK.
4. DIE SCHUE GEFFALEN MIR NICHT. ICH FINDE SIE NICHT BEQUEM.
5. DIE HOSE GEFFALEN MIR. ICH FINDE SIE MODERN

2 Was passt zusammen?

Wo kann ich das **1** — **A** geöffnet?
Entschuldigung, ich suche **2** — **B** anprobieren?
Ich hätte gern diese Bluse **3** — **C** die Toiletten.
Danke, ich schaue **4** — **D** bezahlen?
Wie lange haben Sie **5** — **E** nur.
Kann ich die Hose **6** — **F** der Ausgang?
Entschuldigung, wo ist **7** — **G** in Schwarz.

3 Ordnen Sie den Dialog und kontrollieren Sie dann mit der CD.

(1) Kann ich Ihnen helfen?

(5) Wie finden Sie den blauen Anzug hier?

(9) 239,50 €.

(7) Natürlich, da vorne sind die Umkleidekabinen.

(3) Hier bitte, welche Farbe suchen Sie?

(6) Der ist nicht schlecht. Kann ich den einmal anprobieren?

(2) Ja, ich suche einen Anzug.

(8) Der Anzug gefällt mir. Was kostet er?

(4) Blau oder Grau.

(10) Gut, den nehme ich.

58 achtundfünfzig

Wortschatz

Kleidung. Finden Sie elf Wörter und schreiben Sie sie zu den richtigen Artikeln.

S	H	E	M	D	R	O	M	B	U	K
O	O	T	S	C	H	U	H	E	O	E
C	S	W	E	A	T	S	H	I	R	T
K	E	R	T	N	M	J	A	C	K	E
E	I	O	L	Z	A	B	L	U	S	E
N	N	C	P	U	L	L	O	V	E	R
S	L	K	E	G	M	Ü	O	F	R	N
U	N	T	E	R	W	Ä	S	C	H	E

der PULLOVER   das HEMD   die JACKE
der ROCK   das SWEATSHIRT die BLUSE
der ANZUG   die UNTERWÄSCHE
                                die HOSE

meistens Plural: die SCHUHE
                    die SOCKEN

Grammatik

Ergänzen Sie die Endungen. Manchmal braucht man keine Endung.

1. ◖ Wie findest du das Kleid?
   ◖ Welch____ Kleid meinst du, das rot____ Kleid oder das schwarz____ Kleid?
   ◖ Ich meine das schwarz____ Kleid.
   ◖ Das schwarz____ Kleid finde ich elegant____.
2. ◖ Wie gefallen dir die Schuhe?
   ◖ Welch____ Schuhe?
   ◖ Die modern____ Damenschuhe da vorne rechts.
   ◖ Die finde ich teuer____.
3. ◖ Guck mal, der rot____ Rock.
   ◖ Ja, der ist sehr schick____. Den kaufe ich.

Flüssig sprechen

6   Hören Sie zu und sprechen Sie nach.

neunundfünfzig 59

12 Gewusst wie

Kommunikation

Über Kleidung sprechen

◖ Was gefällt Ihnen? ◖ Die Hose gefällt mir gut. / Ich finde die Hose gut.
◖ Wie gefallen Ihnen die Schuhe? ◖ Die Schuhe gefallen mir nicht.
◖ Wie finden Sie das Kleid? ◖ Ich finde das Kleid nicht so gut.

Einkaufsdialoge im Kaufhaus führen

◖ Kann ich Ihnen helfen? ◖ Nein danke, ich schaue nur.
◖ Ja, ich suche eine Hose.
◖ Haben Sie auch Hemden?
◖ Haben Sie die Hose auch in Größe 42?
◖ Ich nehme den blauen Pullover.
◖ Kann ich das Kleid anprobieren? ◖ Ja, die Umkleidekabinen sind da vorne rechts.
◖ Wo finde ich Babyhosen? ◖ Bei der Babybekleidung im zweiten Stock.

Über Einkaufsmöglichkeiten sprechen

Ich kaufe gern im Internet ein. Das ist praktisch und geht schnell.
Ich kaufe lieber im Kaufhaus ein. Da kann ich alles anprobieren.

Grammatik

Adjektive vor Nomen (mit dem bestimmten Artikel)

	Nominativ	Akkusativ
m	der graue Anzug	den grauen Anzug
n	das blaue Hemd	das blaue Hemd
f	die rote Bluse	die rote Bluse
Pl.	die braunen Schuhe	die braunen Schuhe

❗ Der Mantel ist braun.
Der braune Mantel ist schick.

Das Fragewort welch-

	Nominativ	Akkusativ
m	welcher Pullover	welchen Pullover
n	welches T-Shirt	welches T-Shirt
f	welche Hose	welche Hose
Pl.	welche Schuhe	welche Schuhe

der Pullover → welcher Pullover
das T-Shirt → welches T-Shirt
die Bluse → welche Bluse

Komposita

die Dame + **der Mantel** → **der** Damen**mantel**
Das letzte Wort bestimmt den Artikel.

60 *sechzig*

Sie lernen:
- über Landschaften sprechen
- eine Fahrkarte kaufen
- über das Wetter und die Jahreszeiten sprechen
- den Komparativ
- das Pronomen „es"
- Präpositionen mit Akkusativ

13

Auf Reisen

1 Wo ist das? Ordnen Sie die Wörter zu.
Ü1

- ○ das Meer
- ○ der Berg
- ○ der Bauernhof
- ○ das Haus
- ○ der Fluss
- ○ der Strand
- ○ die Stadt
- ○ der Wald
- ○ die Wiese
- ○ der Park
- ○ das Dorf
- ○ der Baum

2 Wo sind die Leute? Hören Sie und ordnen Sie die Dialoge zu. 🔊 39
Ü2

- ○ in der Stadt
- ○ in den Bergen
- ○ am Strand
- ○ im Park

3 Wo kann man was machen?
Ü3+4

Urlaub machen – einkaufen – wandern – faulenzen –
ausgehen – lesen – spazieren gehen – Rad fahren

> ℹ️
> am   Meer/Fluss/Strand
> auf dem Bauernhof / der Wiese
> in   der Stadt / den Bergen
> im   Park

Am Strand kann man faulenzen.

In den Bergen kann man wandern.

einundsechzig **61**

13 Auf Reisen

A Das Wetter

1 Welche Bilder passen zu den Sätzen? Ordnen Sie zu.

A der Regen   B der Schnee   C die Sonne   D der Wind   E die Wolke

1. ◯ Es schneit.
2. ◯ Die Sonne scheint.
3. ◯ Es regnet.
4. ◯ Es ist heiß.
5. ◯ Es ist windig.
6. ◯ Es ist nass.
7. ◯ Es ist kalt.
8. ◯ Es ist bewölkt.

> **es**
> Es regnet.
> Es ist kalt.

2 Wettervorhersage. Lesen Sie und variieren Sie den Dialog.

der Norden / im Norden
der Westen / im Westen
der Osten / im Osten
der Süden / im Süden

◆ Wie ist das Wetter im Norden?
◆ Das Wetter ist schlecht. Es regnet.
◆ Wie viel Grad sind es in Göttingen?
◆ In Göttingen sind es 16 °C.

ℹ 16 °C → 16 Grad Celsius

3 Hören Sie die Wettervorhersagen und kreuzen Sie an: Was ist richtig?

1.
A ◯ Im Norden scheint die Sonne.
B ◯ Im Norden regnet es.
C ◯ Im Süden ist es heiß.

2.
A ◯ Morgen ist es heiß.
B ◯ Im Süden regnet es.
C ◯ Es gibt keine Sonne.

4 Wie ist das Wetter? Fragen und antworten Sie.

1. Köln: 19 °C – Stuttgart: 19 °C
   - Wie ist das Wetter in Köln?
   - In Köln ist es genauso warm wie in Stuttgart.

> In Köln ist es **genauso** warm **wie** in Stuttgart.
> In Graz ist es wärmer **als** in Wien.
> In Wien ist es kälter **als** in Graz.

2. Graz – Wien:
   - Und wie ist das Wetter in Graz und in Wien?
   - In Graz ist es wärmer als in Wien. / In Wien ist es kälter als in Graz.
3. Dresden – München   4. Frankfurt – Bayreuth   5. Zürich – Genf

5a Die Jahreszeiten. Ordnen Sie die Monate zu.

April – August – Februar – Juni – November – Januar – Mai – September

5b Vergleichen Sie die Jahreszeiten. Sprechen Sie im Kurs.

Tage kürzer – Abende heller – Wind kälter –
Wetter schlechter – Sonne wärmer – Tage länger –
genauso warm wie – genauso kalt wie –
es regnet mehr – Wetter besser – lieber mögen

hell	–	**hell**er als
kalt	–	**kält**er als
kurz	–	**kürz**er als
lang	–	**läng**er als
warm	–	**wärm**er als
viel		**mehr** als
gern	–	**lieber** als
gut	–	**besser** als

Im Winter sind die Tage kürzer als im Sommer.

6 Die Jahreszeiten und das Wetter in Ihrem Land. Vergleichen Sie.

In der Türkei ist der Sommer wärmer als in Deutschland.

Meine Lieblingsjahreszeit ist der Herbst.

In Brasilien ist das Wetter besser als in Deutschland.

13 Auf Reisen

B Situationen im Kurs

1a Hören Sie zu. Welche Frage passt? 🔊 41

- ○ Können Sie etwas langsamer sprechen?
- ○ Können Sie bitte etwas lauter sprechen?
- ○ Können Sie das bitte genauer erklären?
- ○ Können Sie bitte etwas deutlicher sprechen?

1b Hören Sie noch einmal und reagieren Sie mit den Fragen aus 1a. 🔊 41

2 Wer spricht schneller/langsamer? Hören Sie und antworten Sie. 🔊 42

1. schnell – langsam
2. laut – leise
3. deutlich – undeutlich
4. viel – wenig

> *Die Frau spricht langsamer als der Mann. – Der Mann spricht ...*

3 Wer kann es besser?
Ü18

1. Wer kann diese Sätze schneller sprechen?
   In Ulm um Ulm und um Ulm herum.
   Blaukraut bleibt Blaukraut und Brautkleid bleibt Brautkleid.
2. Wer findet mehr Wörter mit *a*?
   anfangen, Aufgabe, abholen ...
3. Wer findet die Lektionen und Seitenzahlen in Pluspunkt Deutsch schneller?
   - A Wo haben Sie *sollen* geübt?
   - B Wo finden Sie Verkehrsmittel?
   - C Wo müssen Sie ein Anmeldeformular ausfüllen?

> *Sollen haben wir in Lektion 8 geübt.*

4 Wer ist größer? Wer ist kleiner? Vergleichen Sie im Kurs.

> *Norma ist größer als Pedro.*

C Unterwegs mit dem Zug

1a Hören Sie den Dialog. Wohin fährt der Mann?

1b Lesen Sie den Dialog und notieren Sie die Informationen.

– Ich hätte gern eine Fahrkarte von Berlin nach München mit Reservierung.
– 1. oder 2. Klasse?
– 2. Klasse, bitte.
– Wann möchten Sie abfahren?
– Ich nehme den ICE um 9.53 Uhr ab Berlin Hauptbahnhof. Muss ich umsteigen?
– Nein, der Zug fährt direkt. Sie kommen um 16.04 Uhr in München an. Haben Sie eine BahnCard?
– Ja, ich habe eine BahnCard 25.
– Das sind dann mit Reservierung 83,75 €.

Abfahrt	Ankunft	Preis	Klasse

2 Lesen Sie die Anzeigetafel. Fragen und antworten Sie.

Abfahrt	Essen Hauptbahnhof		DB
Zeit	über	Ziel	Gleis
19.36	Duisburg, Düsseldorf	**Köln**	1
19.38	Gelsenkirchen, Recklinghausen	**Münster**	4
19.41	Essen, Duisburg, Krefeld	**Mönchengladbach**	2

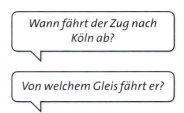

Wann fährt der Zug nach Köln ab?

Von welchem Gleis fährt er?

3 Am Bahnhof. Wählen Sie eine Situation und spielen Sie Dialoge.

1. Sie sind in Essen. Sie wollen nach Köln fahren. Preis für die 2. Klasse: 23,50 €. Sie haben keine BahnCard.
2. Sie sind in Essen. Sie wollen nach Münster fahren. Preis für die 2. Klasse: 19,00 €. Sie haben eine BahnCard 25.
3. Sie sind in Essen. Sie wollen nach München fahren. Preis für die 2. Klasse: 127,00 €. Sie haben eine BahnCard 50.

fünfundsechzig **65**

13 Auf Reisen

4 Durchsagen. Hören Sie und kreuzen Sie an: richtig oder falsch?

	R	F
1. Der Zug nach München fährt heute von Gleis drei.	☐	☒
2. Der ICE hat zehn Minuten Verspätung.	☒	☐
3. Heute fährt kein Zug nach Nienburg.	☐	☒
4. Auf den Bahnsteigen kann man Fahrpläne finden.	☒	☐

5a Lesen Sie den Text und kreuzen Sie an: richtig oder falsch?

Mit der Höllentalbahn von Freiburg nach Seebrugg

Die Fahrt von Freiburg nach Seebrugg dauert ungefähr eine Stunde und ist sehr schön. Die Strecke geht <u>durch</u> das Höllental. Ab Himmelreich fährt der Zug <u>durch</u> viele Tunnel und über Brücken nach Hinterzarten und Titisee. Hinter Titisee fährt er <u>um den Ort</u> und <u>um den See</u> bis zum Schluchsee. Die Endstation ist in Seebrugg. Hier beginnt ein Wanderweg <u>um den Schluchsee</u>. Die Wanderung dauert ungefähr drei Stunden.
Auch Radtouren sind im Schwarzwald möglich. In den Zügen kann man das Fahrrad mitnehmen. Im Schwarzwald gibt es auch gute Restaurants mit Spezialitäten.

	R	F
1. Man fährt ungefähr eine Stunde von Freiburg nach Seebrugg.	☒	☐
2. In Freiburg gibt es viele Tunnel und Brücken.	☐	☒
3. Man kann um den Schluchsee wandern.	☐	☐
4. Im Schwarzwald kann man keine Radtouren machen.	☒	☐

5b Unterstreichen Sie in 5a *um* und *durch*.

> ❗ *durch/um* + Akkusativ
> **durch** das Höllental, **um** den Schluchsee

6 Ergänzen Sie *um* und *durch*.

Ü 23–24

1. Die Wanderer gehen __UM__ den Berg.

2. Der Radfahrer fährt __DURCH__ den Wald.

3. Sie laufen __DURCH__ den kalten Fluss.

4. Er fährt __UM__ das kleine Dorf.

66 sechsundsechzig

D Landschaften und Leute

1a Lesen Sie die Texte und ordnen Sie die Fotos zu.

1. Mein Name ist Wolfgang Strauß und ich lebe in Bregenz. Bregenz ist eine Stadt in Österreich und liegt am Bodensee. Ich mag die Stadt sehr gern, aber noch lieber mag ich den See und die Berge. Ich habe ein kleines Segelboot. Am Wochenende mache ich oft Segeltouren. Die Stadt ist klein, aber berühmt. Wir sind sehr stolz auf die Bregenzer Festspiele. Das ist ein Kulturfestival. Es findet jedes Jahr mit Opern, Theater und Konzerten statt.

2. Karl Veddersen ist mein Name. Ich lebe auf Borkum. Das ist eine Insel in der Nordsee. Von Beruf bin ich Fischer. Ich lebe seit 17 Jahren hier. Meine Frau und ich haben eine Pension mit Restaurant, das „Haus Seeblick". Dort servieren wir Matjes, das ist eine Fischspezialität aus Norddeutschland. Im Sommer kommen viele Feriengäste mit Kindern zu uns. Im Winter ist es ruhiger.

1b Lesen Sie die Texte noch einmal und ergänzen Sie die Sätze.

> jedes Jahr – Bodensee – Norddeutschland – Feriengäste – Österreich – Insel

1. Bregenz liegt am _BODENSEE_ .
2. Bregenz ist eine kleine Stadt in _ÖSTERREICH_ .
3. Die Bregenzer Festspiele finden _JEDES JAHR_ statt.
4. Borkum ist eine _INSEL_ in der Nordsee.
5. Matjes ist eine Fischspezialität aus _NORDDEUTSCHLAND_ .
6. Im Sommer kommen viele _FERIENGÄSTE_ .

2 Wo waren Sie schon? Welche Orte möchten Sie kennenlernen?

> Ich war schon an der Nordsee. Aber Borkum kenne ich nicht.

> Mir gefallen die Berge.

siebenundsechzig **67**

13 Alles klar!

Wortschatz

1a Landschaften. Ordnen Sie zu.

der Bauernhof – der Berg – der Strand – das Meer – der Park – der Fluss

DAS MEER — DER STRAND — DER BERG — DER FLUSS — DER BAUERNHOF — DER PARK

1b Was kann man wo machen? Sammeln Sie im Kurs. Es gibt mehrere Möglichkeiten.

schwimmen – wandern – Urlaub machen – faulenzen – spazieren gehen

2 Finden Sie in dem Suchrätsel fünf Wetterwörter und ergänzen Sie die Sätze.

1. Im Sommer gibt es keinen SCHNEE.
2. Im Herbst ist der WIND oft sehr stark.
3. Es gibt viele WOLKE. Es regnet bald.
4. Im Sommer scheint oft die SONNE.
5. Wir hatten von morgens bis abends REGEN. Alles ist nass.

Kommunikation

3a Sabiha ist unzufrieden. Ergänzen Sie die Adjektive.

langweilig – ~~alt~~ – klein – wenig – langsam – schlecht

1. Ich bin alt.
2. Mein Auto ist LANGSAM.
3. Meine Wohnung ist KLEIN.
4. Ich habe WENIG Zeit.
5. Mir geht es SCHLECHT.
6. Meine Arbeit ist LANGWEILIG.

3b Anca ist unzufriedener. Machen Sie Dialoge.

- Ich bin alt.
- Ich bin älter.

68 *achtundsechzig*

4a Hören Sie den Dialog. Wohin fährt die Frau? 🔊 45

4b Lesen Sie den Dialog und ergänzen Sie die Sätze. Kontrollieren Sie dann mit der CD. 🔊 45

◖ Ich hätte gern eine _____

für die 1. _____ von Frankfurt

nach Osnabrück.

◖ Brauchen Sie eine _____ ?

◖ Ja, bitte. Ich möchte am Dienstag um

7.58 Uhr _____ .

◖ Haben Sie eine _____ ?

◖ Nein.

◖ Das sind dann 139 €.

4c Schreiben Sie und spielen Sie den Dialog. 💬

Fahrkarte Mannheim – Köln → 1. / 2. Klasse?

für die 2. Klasse → Reservierung?

Ja → wann / abfahren?

8.06 Uhr / umsteigen? → Nein / Zug fährt direkt – BahnCard?

Ja, BahnCard 50 → 24,50 €

Grammatik

5 *Wie* oder *als*? Ergänzen Sie.

1. Ich wohne schon länger in Bochum _Als_ Helena.

2. Sie ist genauso groß _wie_ er.

3. Hier ist das Wetter besser _Als_ zu Hause.

4. Im Winter ist es kälter _Als_ im Sommer.

5. In den Bergen ist es genauso schön _wie_ am Meer.

Flüssig sprechen

6 Hören Sie zu und sprechen Sie nach. 🔊 46

neunundsechzig **69**

13 Gewusst wie

Kommunikation

Über Landschaften sprechen

Am Meer kann man Urlaub machen.
In den Bergen kann man wandern.
Ich möchte gern das Meer kennenlernen.
Ich war schon an der Nordsee.

Über das Wetter und die Jahreszeiten sprechen

Heute regnet es.
Gestern war es kalt.
Im Winter ist es kälter als im Sommer.

Eine Fahrkarte kaufen

Guten Tag, ich hätte gern eine Fahrkarte
2. Klasse nach Stuttgart.
Ich habe eine BahnCard 25.

Nach Informationen fragen

Wann fährt der Zug ab?
Muss ich umsteigen?
Wo sind die Fahrpläne?
Fährt der Zug nach Hamburg von Gleis drei ab?

Grammatik

Das Pronomen *es*

Es regnet.
Es gibt hier einen Park.
Es geht mir gut.

Präpositionen mit Akkusativ

Wir lernen **für das** Leben.
Er geht **durch die** Stadt.
Sie wandern **um den** See.

Der Komparativ von Adjektiven

Katia ist 176 cm groß. Klaus ist auch 176 cm groß.
Katia ist **genauso** groß **wie** Klaus.

Naomi ist 158 cm groß. Alex ist 186 cm groß.
Naomi ist **kleiner als** Alex.
Alex ist **größer als** Naomi.

hell – hell**er**	groß – gr**ö**ß**er**	(!) gern – **lieber**
langsam – langsam**er**	kalt – k**ä**lt**er**	gut – **besser**
schnell – schnell**er**	kurz – k**ü**rz**er**	viel – **mehr**
schön – schön**er**	warm – w**ä**rm**er**	

Sie lernen:
- beschreiben, wie Sie wohnen
- einen formellen Brief schreiben
- Smalltalk – in Kontakt kommen
- Satzverbindungen mit „denn"
- über Probleme im Haus sprechen

14

Zusammen leben

vor dem Haus

hinter dem Haus

im Haus

1 Ü1 Hören Sie und kreuzen Sie an: Welche Wörter hören Sie? 🔊 47

1 ○ der Balkon   5 ○ die Mülltonne   9 ○ die Treppe
2 ○ die Tür   6 ○ der Hof   10 ○ das Licht
3 ○ die Hausnummer   7 ○ der Hund   11 ○ der Aufzug
4 ○ der Kinderwagen   8 ○ die Klingel   12 ○ das Treppenhaus

2 Ü2–5 Sehen Sie sich die Fotos an und schreiben Sie über das Haus.

Was ist vor/hinter dem Haus? Was ist im/am Haus?

> *Vor dem Haus ist eine Straße. Am Haus ist eine Hausnummer. Hinter ...*

3 Ü6 Fragen Sie Ihren Partner/Ihre Partnerin und berichten Sie im Kurs.

Wie wohnen Sie?

Was gibt es vor und hinter Ihrem Haus?

Ich wohne in einem Mietshaus im dritten Stock.

Wer wohnt in Ihrem Haus?

einundsiebzig **71**

14 Zusammen leben

A Die Nachbarn

1a Gespräche mit Nachbarn. Hören Sie und ordnen Sie die Fotos zu. 🔊 48

1b Lesen Sie die Dialoge. Welche Situationen kennen Sie?

Ü7+8

A
◖ Entschuldigung, ich möchte nicht stören, aber ich habe eine Bitte.
◖ Nein, nein, Sie stören überhaupt nicht. Kann ich Ihnen helfen?
◖ Ich backe gerade einen Kuchen und habe keine Eier mehr. Können Sie mir vielleicht drei Eier geben?
◖ Aber gern, warten Sie, ich hole die Eier … So, hier sind sie.
◖ Vielen Dank!
◖ Gern geschehen.

B
◖ Guten Tag, ich glaube, der Paketdienst hat bei Ihnen ein Paket abgegeben.
◖ Ja, Moment, hier ist es.
◖ Vielen Dank.
◖ Kein Problem, ich bin ja viel zu Hause.

C
◖ Guten Tag!
◖ Guten Tag, Frau Wagner. Sie wollen bestimmt Lena abholen.
◖ Ja, genau. Ist sie bei Ihnen?
◖ Hallo, Mama. Wir spielen gerade mit den Puppen.
◖ Hallo, Lena. Komm, wir gehen nach Hause.
◖ Sie kann gern noch ein bisschen bleiben und wollen Sie nicht auch reinkommen?
◖ Ich will nicht stören.
◖ Nein, nein, Sie stören nicht. Ich trinke gerade einen Tee. Möchten Sie auch eine Tasse?
◖ Ja, gern.

D
◖ Guten Tag!
◖ Guten Tag!

1c Spielen Sie und variieren Sie die Dialoge.

Ü9

einen Brief abgegeben? – Pizza machen / keinen Käse haben – Suppe kochen / kein Salz haben – Marko abholen / mit Playmobil spielen / ein Stück Kuchen essen – Besuch bekommen / keinen Kaffee haben – in den Urlaub fahren / Blumen gießen

2 Wo treffen Sie Ihre Nachbarn? Wie oft sprechen Sie mit Ihren Nachbarn?

Ü10

im Treppenhaus – auf der Treppe – im Hof –
an den Mülltonnen – auf dem Spielplatz – an der Tür – …

> *Ich treffe meine Nachbarn im Treppenhaus oder ich sehe sie im Hof.*
> *Ich spreche manchmal mit meinen Nachbarn.*

3 Ein Hoffest. Lesen Sie die Einladung und kreuzen Sie an: richtig oder falsch?

Ü11–13

> **Einladung zum Hoffest!**
> *Kennen Sie Ihre Nachbarn?* Wie jedes Jahr
> im Juli: Kommen Sie am Samstag, den
> 6. Juli, in den Hof von der Schlossstraße 5,
> denn wir wollen zusammen feiern.
> Es gibt Getränke, einen Grill und Musik.
> Bringen Sie Stühle, Tische und Essen und
> vor allen Dingen gute Laune mit.
>
> *Das Festkomitee*

	R	F
1. Das Fest ist im Winter.	○	○
2. Man muss Essen selbst mitbringen.	○	○
3. Das Fest findet zum ersten Mal statt.	○	○
4. Alle Nachbarn sind eingeladen.	○	○

4a Smalltalk. Kreuzen Sie an: Welche Sätze hören Sie? 🔊 49

Ü14

○ Guten Abend, ich glaube, wir haben uns schon oft gesehen. Ich heiße …
○ Guten Abend, das Hoffest war eine gute Idee!
○ Hallo, die Musik ist toll, wollen wir tanzen?
○ Hmm, das schmeckt gut, haben Sie das selbst gemacht?
○ Sind Sie auch neu hier in der Schlossstraße?
○ Schönes Wetter heute.
○ Wir haben wirklich Glück mit dem Wetter!

4b Was kann man in 4a antworten? Sammeln Sie passende Antworten.

5 Spielen Sie Smalltalk-Gespräche im Kurs. Sprechen Sie 20 Sekunden mit einem Partner/einer Partnerin, dann wechseln Sie. Die Sätze aus Aufgabe 4 helfen Ihnen.

> *Schönes Wetter heute.*

> *Ja, wir haben wirklich Glück. Die ganze Woche*
> *hat es geregnet. Und jetzt – wunderbar!*

dreiundsiebzig **73**

14 Zusammen leben

B Probleme im Haus

1a Ordnen Sie die Bilder den Sätzen zu.

1. ◯ Die Mülltonnen sind sehr klein.
2. ◯ Der Aufzug ist kaputt.
3. ◯ Die Klingel funktioniert nicht.
4. ◯ Die Heizung ist kaputt.
5. ◯ Die Nachbarn sind sehr laut.
6. ◯ Das Licht geht nicht.

1b Wählen Sie ein Problem in 1a aus und spielen Sie einen Dialog mit dem Hausmeister.

Ü15

Guten Tag, Herr Meier, ich habe ein Problem. Die Klingel funktioniert nicht.

Die Klingel funktioniert nicht? Ich komme sofort.

Tut mir leid, ich habe jetzt keine Zeit. Kommen Sie doch morgen noch einmal.

2 Projekt: Mülltrennung. Wie ist es in Ihrem Wohnort? Machen Sie ein Infoplakat.

Welche Tonnen gibt es? Was kommt in welche Tonne?

3a Herr Usta und Herr Kuhn haben ein Problem und schreiben einen Brief an den Vermieter. Welches Problem haben sie?

Ü16

○ Ahmet Usta / Thomas Kuhn
Naumannstraße 11
10829 Berlin

○ Hausverwaltung Wartemann
Frau Fröhlich
Kaiserdamm 47a
13284 Berlin

○ Berlin, den 18. April 2009

○ **Mülltonnen in der Naumannstraße 11**

○ Sehr geehrte Frau Fröhlich,

○ wir haben ein Problem: Einige Nachbarn stellen den Müll neben die Tonnen, denn die grauen Mülltonnen sind immer voll. Der Hof ist immer schmutzig und es riecht oft schlecht. Manchmal können wir die Fenster zum Hof nicht aufmachen. Das ist für alle sehr ärgerlich.

Können Sie bitte große Tonnen bei der Stadtreinigung bestellen?

Vielen Dank!

○ Mit freundlichen Grüßen
Ahmet Usta   Thomas Kuhn

3b Welche Teile hat ein formeller Brief? Ordnen Sie in 3a zu.

1. Ort und Datum 2. Absender (Name und Adresse) 3. Gruß und Unterschrift
4. Betreff 5. Anrede: „Sehr geehrte Frau ..., / Sehr geehrter Herr ...,"
6. Empfänger (Name und Adresse) 7. Text

4a Was passt zusammen? Ordnen Sie zu und verbinden Sie die Sätze mit *denn*.

❗

Der Müll steht neben der Tonne.   Die Mülltonne ist voll.
Der Müll steht neben der Tonne, **denn** die Mülltonne ist voll.

Wir müssen den Kinderwagen hoch tragen. **1** ○   ○ **A** Das Licht funktioniert nicht.

Freunde können uns nicht besuchen. **2** ○   ○ **B** Die Klingel ist kaputt.

Es ist gefährlich im Treppenhaus. **3** ○   ○ **C** Der Aufzug ist kaputt.

4b Wählen Sie ein Problem in 4a aus und schreiben Sie einen formellen Brief.

fünfundsiebzig **75**

14 Zusammen leben

C Auf dem Spielplatz

1 Bilden Sie Sätze und zeigen Sie auf dem Bild.

1. Im Sandkasten	hat	auf der Schaukel.
2. Zwei Frauen	spielt	mit Autos.
3. Ein Junge	sitzt	zwei Kinder.
4. Ein Junge	sitzen	zu seiner Mutter.
5. Ein Mädchen	kommt	auf einer Bank.
6. Das Mädchen	spielen	Durst.
7. Ein Junge	sieht	glücklich aus.

2a Lesen Sie beide Aussagen. Hören Sie dann den Dialog und kreuzen Sie an: Welche Aussage passt? 🔊 50

- ○ A Zwei Frauen sind auf einem Spielplatz. Ein Kind hat Durst.
- ○ B Die Frauen sind Freundinnen. Sie kommen oft zusammen auf den Spielplatz.

2b Hören Sie noch einmal und kreuzen Sie an: richtig oder falsch? 🔊 50

	R	F
1. Der Junge möchte trinken.	○	○
2. Die Mutter gibt ihm Tee.	○	○
3. Am Anfang sagen Kouma und Renate „du".	○	○
4. Das Mädchen ist drei Jahre alt.	○	○
5. Die Kinder gehen schon in den Kindergarten.	○	○
6. Der Sohn von Kouma spricht Französisch.	○	○
7. Er versteht ein bisschen Deutsch.	○	○

76 sechsundsiebzig

3a Wie geht es weiter? Sammeln Sie Ideen und stellen Sie sie im Kurs vor.

Die Frauen trinken … *Die Kinder streiten …*

Sie gehen zusammen …

3b Hören Sie den Dialog weiter. Kreuzen Sie in 3a an: Was haben Renate und Kouma wirklich gemacht?

4 Ordnen Sie die Satzteile zu und lesen Sie die Geschichte vor.

Ü18

Gestern war Kouma	1	A	Nina und ist drei Jahre alt.
Anu hatte	2	B	Kindergarten.
Eine Frau hat	3	C	auf dem Spielplatz.
Sie heißt	4	D	Kouma Tee für Anu gegeben.
Sie hat eine Tochter. Sie heißt	5	E	sind zu Renate gegangen und haben Kaffee getrunken.
Nina geht bald in den	6	F	Durst.
Dann hat es geregnet und alle	7	G	Renate.

5a Kinderbetreuung in Deutschland. Lesen Sie den Infokasten.

Die meisten Kinder gehen mit drei Jahren in eine Kindertagesstätte (Kita) oder einen Kindergarten. Auch sehr kleine Kinder können schon eine Kita besuchen. Die Eltern bezahlen Geld für die Kita. Manche Kinder haben eine Tagesmutter. Eine Tagesmutter betreut drei bis vier Kinder und bekommt dafür Geld von den Eltern.

5b Vergleichen Sie: Wie ist das in Ihrer Heimat? Gibt es Kindergärten? Wer betreut die Kinder?

Kinder mit … Jahren gehen …
Ich finde, die Kinderbetreuung in … ist besser/schlechter als in …
Ich glaube, es gibt mehr/weniger Kindergärten …
Die Kinder gehen früher/später in …
Die Großmutter betreut …

siebenundsiebzig **77**

14 Alles klar!

Kommunikation

1 Smalltalk im Treppenhaus. Was passt zusammen?
Ordnen Sie zu und kontrollieren Sie dann mit der CD. 52

Schönes Wetter heute. **1** o   o **A** Nicht schlecht. Und Ihnen?
Haben Sie schon gehört, im **2** o   o **B** Nein, noch nicht so lange, seit drei
dritten Stock sind neue Mieter.   Monaten.
Wohnen Sie schon lange hier? **3** o o **C** Ja, wir haben wirklich Glück mit
Guten Morgen, Frau Kuhn, **4** o   dem Wetter.
wie geht's?   o **D** Ich kann leider nicht um sieben,
Kommen Sie morgen auch **5** o   vielleicht komme ich später.
zum Hoffest?   o **E** Ja, ich habe sie schon kurz kennen-
                                           gelernt. Ich glaube, sie sind sehr nett.

2 Sie schreiben einen Brief an die Hausverwaltung. Ergänzen Sie den Brief.

_____
_____
_____

Hausverwaltung Mühsam
Herr Ernst
Rheinstraße 57
53117 Bonn

_____ , den _____

Klingel kaputt

Sehr _____ Herr Ernst,

wir haben ein Problem: Die Klingel ist seit Wochen kaputt. Der Briefträger kann nicht
ins Haus. Besucher müssen immer anrufen oder die Haustür ist immer geöffnet.

Das ist für _____ sehr _____ .

_____ Sie die _____ bald reparieren?

Vielen _____ !

Mit _____ Grüßen,

_____

Wortschatz

3 Lösen Sie das Kreuzworträtsel.

1. Ich habe ... , dann muss ich etwas essen.
2. Kinder spielen oft auf einem ...
3. Unter einen Brief schreibt man z. B. „Mit freundlichen ...".
4. Man schreibt seinen Namen unter einen Brief. Das ist die ...
5. Die Klingel ist kaputt, sie ... nicht.
6. Kleine Kinder können noch nicht laufen. Dann braucht man einen ...
7. Eine ... betreut drei bis vier Kinder und bekommt dafür Geld.
8. Ich habe ... , dann muss ich etwas trinken.
9. Viele Leute feiern zusammen, das ist ein ...
10. Man beginnt den Brief mit einer ... , z. B. „Sehr geehrte Frau Trapp".
11. Der Aufzug ist kaputt, dann muss man zu Fuß die ... benutzen.

1.
2.
3.
4.
5.

6.
7.
8.
9.
10.
11.

Lösungswörter aus den grünen Kästchen

Wir haben wirklich _____ mit dem _____ !

Grammatik

4 Was passt zusammen? Verbinden Sie und schreiben Sie die Sätze mit *denn*.

Ich habe keine Zeit. **1** o   o **A** Er ist krank.

Er kann nicht arbeiten. **2** o   o **B** Die Ampel ist rot.

Wir gehen morgen zum Standesamt. **3** o   o **C** Ich muss noch die Wohnung aufräumen.

Wir müssen warten. **4** o   o **D** Wir wollen heiraten.

Flüssig sprechen

5 Hören Sie zu und sprechen Sie nach. 🔊))) 53

14 Gewusst wie

Kommunikation

Beschreiben, wie Sie wohnen

Ich wohne in einem Mietshaus im dritten Stock. Neben uns wohnt eine alte Dame mit einem Hund. Vor unserem Haus ist eine Straße. Hinter unserem Haus ist ein Hof. Da stehen unsere Fahrräder und die Mülltonnen. Das Haus gefällt uns gut, wir wohnen gern da.

Smalltalk – in Kontakt kommen

Sind Sie auch neu hier?
Wir haben uns schon oft gesehen, mein Name ist …
Schönes Wetter heute.

Über Probleme im Haus sprechen

Es gibt viele Probleme in unserem Haus. Die Klingel funktioniert manchmal nicht. Das Licht ist auch oft kaputt.

Einen formellen Brief schreiben

Absender:	Juliane Neumann Sandweg 70 60316 Frankfurt
Empfänger:	Hausverwaltung Schönbeck Franz-Metzner-Str. 5 80937 München
Datum:	Frankfurt, den 1.1.2009
Betreff:	Aufzug in der Bahnhofstraße 13
Anrede:	Sehr geehrte Frau … , / Sehr geehrter Herr … , …
Gruß:	Mit freundlichen Grüßen
Unterschrift:	J. Neumann

Grammatik

Aber – denn – und – oder

Heute habe ich keine Zeit,	aber	morgen	komme	ich gern.
Ich möchte gern ins Kino gehen,	denn	ich	möchte	den James Bond-Film sehen.
Dann gehen wir morgen ins Kino	und	(wir)	sehen	den neuen James-Bond-Film.
Kommst du auch mit	oder		musst	du noch arbeiten?

Station 4

Start A1 – ein Modelltest

Hören

Dieser Test hat drei Teile. Sie hören kurze Gespräche und Ansagen. Zu jedem Text gibt es eine Aufgabe. **Lesen** *Sie zuerst die Aufgabe,* **hören** *Sie dann den Text dazu. Kreuzen Sie die richtige Lösung an. Schreiben Sie zum Schluss Ihre Lösungen auf den* **Antwortbogen** *auf Seite 89.*

Teil 1 Kreuzen Sie an: Ⓐ, Ⓑ oder Ⓒ. Sie hören jeden Text **zweimal**.

Beispiel: Wann gehen Anja und Karin ins Kino?

Ⓐ Am Freitag. Ⓑ Am Samstag. ⊠ Am Sonntag.

1 Was kosten die Schuhe?

Ⓐ Neunundvierzig Euro. Ⓑ Fünfzig Euro. Ⓒ Fünfunddreißig Euro.

2 Wann beginnt der Deutschkurs morgen?

 Ⓐ Um 13 Uhr.   Ⓑ Um 13.15 Uhr.   Ⓒ Um 13.45 Uhr.

3 Wie kommt er zum Bahnhof?

 Ⓐ Geradeaus.   Ⓑ Die nächste Straße links.   Ⓒ Die nächste Straße rechts.

4 Wann soll Frau Stark die Tabletten nehmen?

 Ⓐ Vor dem Essen.   Ⓑ Nach dem Essen.   Ⓒ Zum Essen.

Station 4

5 Wie kommt Herr Wang jetzt zum Deutschkurs?

 Ⓐ Mit dem Fahrrad.
 Ⓑ Zu Fuß.
 Ⓒ Mit dem Bus.

6 Was soll Anna zum Grillfest mitbringen?

 Ⓐ Fleisch.
 Ⓑ Salat.
 Ⓒ Brot.

Teil 2 Kreuzen Sie die richtige Lösung an. Sie hören jeden Text einmal. 55

Beispiel:
Der ICE fährt nach München. [R̶i̶c̶h̶t̶i̶g̶] [Falsch]

7 Der IC kommt um 13.20 Uhr an. [Richtig] [Falsch]
8 Herrenschuhe sind heute im Kaufhaus billiger. [Richtig] [Falsch]
9 Frau Malzahn soll zum Informationsschalter in Halle drei kommen. [Richtig] [Falsch]
10 Die S-Bahn nach Frankfurt fährt heute auf Gleis drei. [Richtig] [Falsch]

Teil 3 Kreuzen Sie an: Ⓐ, Ⓑ oder Ⓒ. Sie hören jeden Text zweimal. 56

11 Die Praxis von Dr. Mocker ist:
   Ⓐ am Dienstagnachmittag geöffnet.
   Ⓑ am Mittwochvormittag geschlossen.
   Ⓒ am Mittwochnachmittag geöffnet.

12 Wo wartet der Mann?
   Ⓐ An der Information.
   Ⓑ Vor dem Bahnhof.
   Ⓒ Auf dem Gleis.

13 Monika kommt heute:
   Ⓐ nicht zu Eric.
   Ⓑ sofort zu Eric.
   Ⓒ später zu Eric.

14 An welchen Tagen kommt Holger Baum nicht zur Arbeit?
   Ⓐ Am Montag.
   Ⓑ Morgen.
   Ⓒ Heute und morgen.

15 Die Handynummer von der Frau ist:
   Ⓐ 0171 – 334 427.
   Ⓑ 0171 – 330 427.
   Ⓒ 0171 – 335 427.

82 *zweiundachtzig*

Lesen

Teil 1 Lesen Sie die beiden Texte und die Aufgaben 1–5. Kreuzen Sie an: [Richtig] oder [Falsch]. Schreiben Sie die Lösungen auf den **Antwortbogen** auf Seite 89.

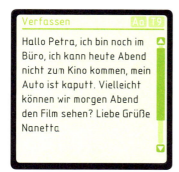

Liebe Mieter,
am Montag, den 1. April zwischen 8 und 13 Uhr kommt die Heizungsfirma Hoffmann für die jährlichen Wartungsarbeiten. Die Firma muss alle Heizungen kontrollieren. Bitte bleiben Sie zu Hause oder geben Sie einem Nachbarn Ihren Wohnungsschlüssel.
Haben Sie Fragen, dann rufen Sie bitte die Heizungsfirma Hoffmann direkt an: Tel. 040 – 231 456 19 (Herr Schnell).
Mit freundlichen Grüßen
Hausverwaltung Wartemann

Beispiel:
Petra ist zu Hause. [Richtig] [~~Falsch~~]

1 Nanetta kann heute nicht ins Kino gehen. [Richtig] [Falsch]
2 Nanetta möchte am nächsten Abend ins Kino gehen. [Richtig] [Falsch]
3 Am Montag kontrolliert die Hausverwaltung die Heizungen. [Richtig] [Falsch]
4 Die Firma Hoffmann kommt den ganzen Tag. [Richtig] [Falsch]
5 Die Mieter müssen am Montag zu Hause bleiben. [Richtig] [Falsch]

Teil 2 Lesen Sie die Texte und die Aufgaben 6–10. Wo finden Sie Informationen? Kreuzen Sie an: Ⓐ oder Ⓑ? Schreiben Sie die Lösungen auf den **Antwortbogen** auf Seite 89.

Beispiel: **Familie Weiß (3 Personen, 1 Hund) sucht eine Dreizimmerwohnung.**

3 Zi, Kü, Bad, ZH, kein Aufzug, sonnig, 770 € + NK, Tel. 089 992367

3 Zi, Kü, Bad, Aufzug, keine Hunde, ab sofort, 650 € + NK, Tel. 089 445391

☒ Tel. 089 992367   Ⓑ Tel. 089 445391

6 Sie suchen eine Waschmaschine für ca. 400 €.

Superangebot!
Küchenmöbel, Schränke und Stühle für unter 200 €.
Spülmaschine (ökologisch), 2 Jahre alt für nur 300 €.
Tel. 0171 330877

Superangebot!
Verschiedene Haushaltsgeräte, u. a. auch Waschmaschinen und Spülmaschinen zum Preis von 300 – 600 €.
Tel. 030 356 211

Ⓐ Tel. 0171 330877   Ⓑ Tel. 030 356 211

Station 4

7 Sie suchen für Ihren Freund eine Arbeit.
Ihr Freund kann nur am Wochenende. Er hat keinen Führerschein.

Fahrer/-in gesucht	Gesucht:
Samstag und Sonntag, gute Bezahlung Tel. 02416 – 3100	Mitarbeiter in der Großküche eines Restaurants, Bezahlung 8 €/Stunde Tel. 02417 – 4356 10

Ⓐ Tel. 02416 – 3100   Ⓑ Tel. 02417 – 4356 10

8 Sie sind in Dresden und möchten am Vormittag mit dem Zug in Frankfurt sein. Wo finden Sie Informationen?

Ⓐ
Bahnhof	Datum	Zeit	Dauer	Umsteigen	Produkte
Dresden	Sa 22.4.	Ab 11:55	4:42	1	D, IC
Frankfurt	Sa 22.4.	An 16:37			

Ⓑ
Bahnhof	Datum	Zeit	Dauer	Umsteigen	Produkte
Dresden	Sa 22.4.	Ab 5:55	4:42	1	D, IC
Frankfurt	Sa 22.4.	An 10:37			

9 Sie wollen wissen: Regnet es morgen?

Ⓐ www.dwd.de   Ⓑ www.schwarzwald.de

10 Ihr Computer ist kaputt. Wo finden Sie Hilfe?

Ⓐ www.TechnoTeam.de   Ⓑ www.computerhaus.de

Teil 3 Lesen Sie die Texte und die Aufgaben 11–15. Kreuzen Sie an: Richtig oder Falsch.
Schreiben Sie die Lösungen auf den **Antwortbogen** auf Seite 89.

Beispiel: In der S-Bahn

> Die S-Bahn-Linie S1 fährt heute nur bis zum Hauptbahnhof. Zur Weiterfahrt nach Griesheim nehmen Sie bitte die S2.

Heute fahren alle S-Bahnen nur bis zum Hauptbahnhof.   Richtig   ~~Falsch~~

11 In der Schule

> Das Schulbüro ist heute wegen Krankheit geschlossen. Morgen ist das Büro nur am Nachmittag von 14–15 Uhr geöffnet.

Das Schulbüro ist heute Nachmittag geschlossen.   Richtig   Falsch

12 An der Bäckerei

> **Neue Öffnungszeiten!**
> Ab sofort haben wir auch am Sonntag von 8–11 Uhr für Sie geöffnet und bieten Ihnen Brötchen und Kuchen an.

Man kann jetzt am Sonntag frische Brötchen kaufen.   Richtig   Falsch

13 An der Tür vom Wohnungsamt

> Wegen Betriebsausflug bleibt das Wohnungsamt am Montag, den 22.7. den ganzen Tag geschlossen. Formulare können Sie in den Briefkasten rechts neben der Eingangtür einwerfen.

Das Wohnungsamt ist am Montag immer geschlossen.   Richtig   Falsch

14 Auf Ihrem Schreibtisch im Büro

> *Herr Wachsmeier von der Firma Techorama hat angerufen. Er braucht den Preis von dem DL 220. Können Sie Ihn bitte heute Nachmittag nach 15 Uhr zurückrufen?*

Herr Wachsmeier ruft heute Nachmittag an.   Richtig   Falsch

15 Am Ärztehaus

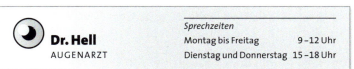

Dr. Hell hat am Donnerstagvormittag Sprechzeit.   Richtig   Falsch

Station 4

Schreiben

Teil 1 Ihr Freund Roberto Maren möchte in der Sprachschule einen Sprachkurs machen. Er kann noch kein Deutsch, aber er spricht Französisch und Spanisch. Er ist am 3. 1. 1988 in Santa Cruz geboren und lebt jetzt in Bielefeld (33739 Bielefeld, Beckendorfer Straße 12). Er möchte den Sprachkurs mit Kreditkarte bezahlen. Helfen Sie ihm und füllen Sie das Formular aus. Am Ende übertragen Sie Ihre Lösungen bitte auf den **Antwortbogen** auf Seite 89.

Teil 2 Schreiben Sie einen Brief an Ihre Freundin.

Ihre Freundin hat Sie zur Hochzeit am 8. August nach Wien eingeladen.
– Sie möchten gern kommen.
– Sie möchten Ihre Freundin / Ihren Freund mitbringen.
– Bitten Sie um Hoteladressen.

Schreiben Sie zu jedem Punkt ein bis zwei Sätze.
Schreiben Sie auch eine Anrede und einen Schluss auf den **Antwortbogen** auf Seite 90.

Mündliche Prüfung

Teil 1   Sich vorstellen.

Name?

Alter?

Land?

Wohnort?

Sprachen?

Beruf?

Hobby?

Teil 2   Um Informationen bitten und Informationen geben.

Beispiel:
Frage: Haben Sie Kinder?
Antwort: Nein, ich habe keine Kinder.

Thema: Familie	Thema: Familie	Thema: Familie
Kinder	**verheiratet**	**Heimat**

Thema: Familie	Thema: Familie	Thema: Familie
Deutschland	**Großeltern**	**Verwandte**

Thema: Familie	Thema: Familie
besuchen	**Geschwister**

siebenundachtzig **87**

Station 4

Teil 3 Bitten formulieren und darauf reagieren.

Beispiel:
Bitte: Entschuldigung, können Sie mir bitte einen Kugelschreiber geben?
Reaktion: Ja gern, bitte schön.

Modelltest Antwortbogen

Familienname des Teilnehmenden: _____

Vorname: _____

Hören

Teil 1

1	A	B	C
2	A	B	C
3	A	B	C
4	A	B	C
5	A	B	C
6	A	B	C

Teil 2

7	Richtig	Falsch
8	Richtig	Falsch
9	Richtig	Falsch
10	Richtig	Falsch

Teil 3

11	A	B	C
11	A	B	C
13	A	B	C
14	A	B	C
15	A	B	C

Lesen

Teil 1

1	Richtig	Falsch
2	Richtig	Falsch
3	Richtig	Falsch
4	Richtig	Falsch
5	Richtig	Falsch

Teil 2

6	A	B	C
7	A	B	C
8	A	B	C
9	A	B	C
10	A	B	C

Teil 3

11	Richtig	Falsch
12	Richtig	Falsch
13	Richtig	Falsch
14	Richtig	Falsch
15	Richtig	Falsch

Schreiben

Teil 1

1 _____

2 _____

3 _____

4 _____

5 _____

neunundachtzig **89**

Station 4

Modelltest Antwortbogen

Schreiben

Teil 2 Schreiben Sie Ihren Text hier (ca. 30 Wörter).

Phonetik

 LEKTION 8

Gute Besserung!

Das *pf*

1 Hören Sie zu und sprechen Sie nach. 🔊 57

pfffff   pfffff   der Kopf – der Schnupfen

Mein Kopf tut weh. Ich habe Kopfschmerzen und Schnupfen.

Sprechen Sie das p *nicht zu stark, das* f *muss man deutlich hören.*

Das *z*

2a Hören Sie zu und sprechen Sie nach. 🔊 58

der Zahn – der Zucker – die Zeit – der Zahnarzt – die Schmerzen – die Ärztin – das Rezept – bezahlen – plötzlich – jetzt – verletzt

Das z *(und das* tz*) spricht man wie ein* ts.

2b Hören Sie zu und sprechen Sie nach. 🔊 59

die Nationalität – die Information

Die Endung -tion *spricht man* zion.

2c Machen Sie Dialoge wie im Beispiel.

◀ Sie haben Kopfschmerzen: Wohin gehen Sie?
◀ Zum Hausarzt.

Zahnschmerzen – zum Zahnarzt
Ohrenschmerzen – zum Hals-Nasen-Ohren-Arzt
Schmerzen im Auge – zum Augenarzt
Halsschmerzen – zum Hausarzt
Schmerzen in der Brust – zum Krankenhaus
Rückenschmerzen – zum Hausarzt
Ihr Kind hat Bauchschmerzen – zum Kinderarzt

Phonetik

LEKTION 9 — Meine Wege durch die Stadt

Das *ch*

1 Der Ach-Laut. Hören Sie zu und sprechen Sie nach. 🔊 60

Wochenende – Besuch – machen – Kuchen
Am Wochenende kommt Besuch, ich mache einen Kuchen.

brauchen – kochen – Buch
Brauchst du ein Kochbuch?

Nach a, o, u und au spricht man den Ach-Laut.

2a Der Ich-Laut. Hören Sie zu und sprechen Sie nach. 🔊 61

ich – möchte – täglich – sprechen
Ich möchte täglich sprechen.

Milch – schlecht
Die Milch ist schlecht.

Küche – gleich – rechts
Die Küche ist gleich rechts.

Jugendliche – manchmal – ein bisschen
Jugendliche sind manchmal ein bisschen anstrengend.

*Der Ich-Laut ist leicht zu sprechen. Sagen Sie ja, sprechen Sie ein langes j – jjjja.
Jetzt ohne Stimme. Holen Sie viel Luft und flüstern Sie: jjjja. Das ist der Ich-Laut.*

2b Das *chs*. Hören Sie zu und sprechen Sie nach. 🔊 62

sechs – Erwachsene – wechseln

3a Wo spricht man den Ach-Laut? Markieren Sie.

das Buch – die Bücher – der Koch – die Köchin – die Sprache – sprechen
Welche Sprachen sprechen Sie? Welche Sprachen sprichst du?

3b Hören Sie zur Kontrolle und sprechen Sie nach. 🔊 63

3c Fragen und antworten Sie.

- Was ist Ihre Muttersprache?
- Sprechen Sie auch Spanisch?
- Sprechen Sie auch ...?

- Meine Muttersprache ist ...
- Ja, natürlich.
- Ja, ein bisschen.
- Nein, leider nicht.

LEKTION 10

Mein Leben

Das *nk*

1a Hören Sie zu. 🔊 64

die Bank – nach links – danke – krank – trinken –
das Getränk – der Enkel – der Onkel

1b Hören Sie noch einmal und sprechen Sie nach. 🔊 65

Das *ng*

2a Hören Sie zu. 🔊 66

die Wohnung – langsam – langweilig – der Junge – lange geschlafen –
der Hunger – dringend – bringen
die Zeitung – die Zeitungen
die Kreuzung – viele Kreuzungen
die Überweisung – zwei Überweisungen

Beim ng hört man das g nicht.

Aber: ein·ge·kauft – un·ge·fähr – An·ge·bot

2b Hören Sie noch einmal und sprechen Sie nach. 🔊 67

2c Hören Sie und machen Sie Dialoge wie im Beispiel. 🔊 68

- Wohin bist du gegangen?
- Ich bin zum Friseur gegangen.

zur Bank – in die Disko – in die Stadt – zum
Zahnarzt – zum Friseur – zum Fitnesscenter
nach Hause

dreiundneunzig **93**

Phonetik

LEKTION 11   **Ämter und Behörden**

Wortgruppen sprechen

1a   Hören Sie zu und sprechen Sie langsam und deutlich nach. 🔊 69

         das Auto anmelden   ein Formular abholen
         Kindergeld beantragen   den Mietvertrag abgeben
         die Wohnung anmelden   die Gehaltsabrechnung abgeben
         einen Antrag abgeben   das Geburtsdatum eintragen
         ein Formular ausfüllen

1b   Schneller sprechen. Hören Sie und markieren Sie: Welches Wort ist betont? 🔊 70

1c   Hören Sie noch einmal und sprechen Sie nach. 🔊 71

1d   Machen Sie Dialoge wie im Beispiel.

       ◀ Hallo, was machst du hier? Möchtest du das Auto anmelden?
       ◀ Nein, ich muss das Kindergeld beantragen.

LEKTION 12   **Im Kaufhaus**

Wortakzent bei Komposita

1a   Hören Sie die Wörter und markieren Sie die Wortakzente und die Vokallänge. 🔊 72

 die Mode      der Schmuck   

       die Mode   der Schmuck   der Modeschmuck
       der Winter   der Mantel   der Wintermantel
       die Dame   das Kleid   das Damenkleid
       der Computer   das Spiel   das Computerspiel
       das Baby   die Wäsche   die Babywäsche
       der Herr   der Friseur   der Herrenfriseur

1b   Hören Sie noch einmal und sprechen Sie nach. 🔊 73

LEKTION 13

Auf Reisen

Das *r*

1a Hören Sie zu und sprechen Sie nach. 🔊 74

groß – grillen – die Gruppe – krank
drei – trinken – treffen – die Adresse
fragen – der Preis – der Strand – die Brücke
nach Russland – einfach reisen – einfach reservieren – ach Regen
der Beruf – zurück – berühmt – direkt

Übung macht den Meister.

Wenn man mit Wasser gurgelt, entsteht das deutsche hintere r. Ohne Wasser: Sprechen Sie ein kräftiges g, lösen Sie den Verschluss der Zunge langsam: gch. Geben Sie jetzt Ihre Stimme dazu (singen Sie): rrrrr.

1b Hören Sie zu und sprechen Sie nach. 🔊 75

besser – lieber – schneller – langsamer – die Nummer – das Wasser – das Zimmer – der Computer – der Teilnehmer – der Kursleiter

Das r *in der Endung spricht man nicht.*
Aber: die Teilnehmerin – die Kursleiterin

1c Hören Sie und machen Sie Dialoge wie im Beispiel. 🔊 76

◖ Frankfurt ist groß.
◖ Ja, aber meine Stadt ist größer.

◖ In Deutschland ist es kalt.
◖ Ja, aber in _____ ist es kälter.

◖ Der Frühling ist warm.
◖ Ja, aber _____ ist wärmer.

◖ Das Buch ist gut.
◖ Ja, aber _____ ist besser.

fünfundneunzig **95**

Phonetik

LEKTION 14

Zusammen leben

Das *h*

1 Hören Sie zu und sprechen Sie nach. 🔊 77

hinter dem Haus –
im Hof ist ein Hund –
Hosen und Hemden –
heute heirate ich

2a Hören Sie und kreuzen Sie an: Welches Wort hören Sie? 🔊 78

1	○ ihr	○ hier	4	○ alt	○ halt
2	○ aus	○ Haus	5	○ Ende	○ Hände
3	○ Eis	○ heiß	6	○ und	○ Hund

Hallo Andy, gib mir das Handy.

2b Hören Sie die Wortpaare und sprechen Sie nach. 🔊 79

Vokal + *h*

3a Hören Sie zu und sprechen Sie nach. 🔊 80

Er fährt zu seiner Wohnung. Er sieht sehr fröhlich aus.

Das h nach einem Vokal spricht man nicht, der Vokal ist immer lang.
(ah, eh, ieh, oh, uh, äh, öh, üh).

3b Machen Sie Dialoge wie im Beispiel.

◖ Kann ich Ihnen helfen?
◖ Ja, ich hätte gern eine Hose.
◖ Bitte, hier sind Hosen.

ein Hemd, -en   ein Handy, -s
ein Heft, -e   ein Hähnchen, -
ein Fahrrad, "-er ein Stuhl, "-e
Honig   Hackfleisch

96 *sechsundneunzig*

Grammatik im Überblick

1 Verben

1a Präsens

Regelmäßige Verben

Infinitiv		kommen	heißen	arbeiten*
Singular	ich	komme	heiße	arbeite
	du	kommst	heißt	arbeitest
	er/es/sie/man	kommt	heißt	arbeitet
Plural	wir	kommen	heißen	arbeiten
	ihr	kommt	heißt	arbeitet
	sie/Sie	kommen	heißen	arbeiten

> *Woher kommen Sie?*

*genauso: antworten: er/sie antwortet   kosten: er/sie kostet
abmelden: er/sie meldet ab   bedeuten: er/sie bedeutet
heiraten: er/sie heiratet   reden: er/sie redet

Verben mit Vokalwechsel e→i/ie und a→ä

		e→i	e→ie	a→ä
Infinitiv		sprechen	lesen	fahren
Singular	ich	spreche	lese	fahre
	du	sprichst	liest	fährst
	er/es/sie/man	spricht	liest	fährt
Plural	wir	sprechen	lesen	fahren
	ihr	sprecht	lest	fahrt
	sie/Sie	sprechen	lesen	fahren

> *Sie spricht sehr gut Deutsch.*

genauso: treffen: er/sie trifft   essen: er/sie isst
helfen: er/sie hilft   nehmen: er/sie nimmt
geben: er/sie gibt   vergessen: er/sie vergisst
sehen: er/sie sieht   schlafen: er/sie schläft
anfangen: er/sie fängt an   ausfallen: er/sie fällt aus
anhalten: er/sie hält an   beraten: er/sie berät
laufen: er/sie läuft   herunterladen: er/sie lädt herunter
tragen: er/sie trägt

siebenundneunzig **97**

Grammatik im Überblick

Unregelmäßige Verben

Infinitiv		sein	haben	mögen	möchten
Singular	ich	bin	habe	mag	möchte
	du	bist	hast	magst	möchtest
	er/es/sie/man	ist	hat	mag	möchte
Plural	wir	sind	haben	mögen	möchten
	ihr	seid	habt	mögt	möchtet
	sie/Sie	sind	haben	mögen	möchten

Trennbare Verben

auf|stehen → Ich stehe um acht Uhr auf.
ein|kaufen → Er kauft Lebensmittel ein.

genauso: abbiegen, abfahren, abgeben, abholen, abmelden, anfangen, anhalten, ankommen, ankreuzen, anmachen, anmelden, annehmen, anprobieren, anrufen, anziehen, aufhören, auflegen, aufmachen, aufräumen, aufstehen, ausfallen, ausfüllen, ausgehen, aussehen, einkaufen, einladen, eintragen, fernsehen, herunterladen, kennenlernen, mitbringen, mitfahren, mitkommen, mitnehmen, stattfinden, umsteigen, umziehen, vorbeikommen, vorlesen, wegfahren, wehtun, weiterfahren, wiederkommen, zurückfahren, zurückkommen

Modalverben

Infinitiv		können	wollen	müssen	sollen	dürfen
Singular	ich	kann	will	muss	soll	darf
	du	kannst	willst	musst	sollst	darfst
	er/es/sie/man	kann	will	muss	soll	darf
Plural	wir	können	wollen	müssen	sollen	dürfen
	ihr	könnt	wollt	müsst	sollt	dürft
	sie/Sie	können	wollen	müssen	sollen	dürfen

Ich	kann	gut Deutsch	sprechen.
Er	muss	heute um acht Uhr	aufstehen.
Sie	wollen	Deutsch	lernen.
Du	sollst	nicht so viel	arbeiten.
Hier	darf	man nicht	abbiegen.

1b Der Imperativ

	Sie	du	ihr
machen	Machen Sie ...	Mach ...	Macht ...
sprechen	Sprechen Sie ...	Sprich ...	Sprecht ...
mitkommen	Kommen Sie ... mit!	Komm ... mit!	Kommt ... mit!
⚠ **fahren**	Fahren Sie ...	Fahr ...	Fahrt ...
sein	Seien Sie ...	Sei ...	Seid ...

Schreiben Sie, bitte!

1c Präteritum

Sein und *haben*

Infinitiv		sein	haben
Singular	ich	war	hatte
	du	warst	hattest
	er/es/sie/man	war	hatte
Plural	wir	waren	hatten
	ihr	wart	hattet
	sie/Sie	waren	hatten

Waren Sie schon einmal in Berlin?

Nein, leider noch nicht.

1d Perfekt

Haben/Sein + Partizip

	haben/sein		Partizip am Ende
Er	hat	in einer Großstadt	gelebt.
Ich	bin	1995 nach Deutschland	gekommen.
Wann	sind	Sie nach Deutschland	gefahren?
	Haben	Sie gestern auf dem Markt	eingekauft?

1e Verben und Ergänzungen

Verben mit Nominativ und Akkusativ

Nominativ	Verb	Akkusativ
Ich	habe	einen Sohn.

genauso: brauchen, sehen, nehmen, besichtigen, möchten, wollen ...

Grammatik im Überblick

Verben mit Nominativ, Dativ und Akkusativ

Nominativ	Verb	Dativ	Akkusativ
Der Beamte	gibt	mir	das Formular.

genauso: bringen, schenken, holen, erklären ...

Verben mit Nominativ und Dativ

Nominativ	Verb	Dativ
Wir	helfen	euch.

genauso: helfen, gehören, ...

Ein Verb mit Nominativ und Nominativ

Nominativ	Verb	Nominativ
Das	ist	ein Mantel.

2 Artikel und Nomen

2a Die Artikel

	m (maskulin)		n (neutral)		f (feminin)		Pl. (Plural)	
bestimmter Artikel	der		das		die		die	
unbestimmter Artikel	ein	Mann	ein	Auto	eine	Frau	–	Kinder
Negativartikel	kein		kein		keine		keine	
Possessivartikel	mein		mein		meine		meine	

Da ist ein Mann.

Der Mann heißt Tim Fink.

2b Possessivartikel

Sind das Ihre Kinder?

Ja, das ist meine Tochter Nina und das ist mein Sohn Markus.

	m		n		f		Pl.	
ich	mein		mein		meine		meine	
du	dein		dein		deine		deine	
er/es	sein	Mann	sein	Haus	seine	Frau	seine	Kinder
sie	ihr		ihr		ihre		ihre	
Sie	Ihr		Ihr		Ihre		Ihre	

100 *einhundert*

2c Nominativ, Akkusativ und Dativ

Nominativ

	m		n		f		Pl.	
bestimmter Artikel	der		das		die		die	
unbestimmter Artikel	ein	Mann	ein	Haus	eine	Frau	–	Kinder
Negativartikel	kein		kein		keine		keine	
Possessivartikel	mein		mein		meine		meine	

Akkusativ

	m		n		f		Pl.	
bestimmter Artikel	den		das		die		die	
unbestimmter Artikel	ein**en**	Mann	ein	Haus	eine	Frau	–	Kinder
Negativartikel	kein**en**		kein		keine		keine	
Possessivartikel	mein**en**		mein		meine		meine	

Dativ

	m		n		f		Pl.	
bestimmter Artikel	dem		dem		der		den	
unbestimmter Artikel	ein**em**	Mann	ein**em**	Haus	ein**er**	Frau	–	Kinder**n**
Negativartikel	kein**em**		kein**em**		kein**er**		kein**en**	
Possessivartikel	mein**em**		mein**em**		mein**er**		mein**en**	

Das Nomen hat im Dativ Plural immer die Endung *-n*.
Wir spielen **mit den** Kinder**n**.
Ausnahme: Nomen mit s-Plural: die Autos – mit den Autos.

2d Das Fragewort welch-

	Nominativ	Akkusativ
m	welcher Pullover	welch**en** Pullover
n	welches Hemd	welches Hemd
f	welche Bluse	welche Bluse
Pl.	welche Schuhe	welche Schuhe

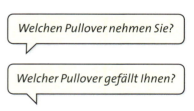

Welchen Pullover nehmen Sie?

Welcher Pullover gefällt Ihnen?

einhunderteins **101**

Grammatik im Überblick

2e Singular und Plural

	Singular	Plural		Singular	Plural
-e	der Tisch	die Tische	–	der Computer	die Computer
-en	die Zahl	die Zahlen	-er	das Kind	die Kinder
-n	die Tasche	die Taschen	-s	das Auto	die Autos
-nen	die Lehrerin	die Lehrerinnen	mit Umlaut	der Stuhl	die Stühle
				das Haus	die Häuser

3 Pronomen

3a Personalpronomen

Nominativ	Akkusativ	Dativ
ich	mich	mir
du	dich	dir
er	ihn	ihm
es	es	ihm
sie	sie	ihr
wir	uns	uns
ihr	euch	euch
sie	sie	ihnen
Sie	Sie	Ihnen

Ich rufe dich morgen an.

Können Sie mir bitte helfen?

Das Auto gehört ihm.

Der Schrank ist alt. **Er** ist schön.
Die Küche ist klein. **Sie** ist praktisch.

Das Bett ist neu. **Es** ist modern.
Die Blumen sind schön. **Sie** sind rot.

3b Das unpersönliche Pronomen *man*

Wie schreibt **man** das?
Hier darf **man** nicht rauchen.

In Sätzen mit *man* steht das Verb in der 3. Person Singular.

3c Artikel als Pronomen

Wie finden Sie den blauen Anzug?
Wie gefällt Ihnen die Bluse?
Wie finden Sie die Hose?
Wie gefallen Ihnen die Schuhe?

Der ist nicht schlecht. **Den** nehme ich.
Die gefällt mir gut. **Die** nehme ich.
Die ist nicht schön. **Die** nehme ich nicht.
Die finde ich gut. **Die** kaufe ich.

4   Präpositionen

4a   Temporale Präpositionen

um	um 8 Uhr, um halb 10, um 13 Uhr 30
	Der Film beginnt um 20 Uhr.
bis	Der Film geht bis 22 Uhr.
von ... bis	Der Film geht von 20 Uhr bis 22 Uhr.

an		Am Montagnachmittag geht sie ins Kino.
nach	} + Dativ	Nach der Pause hat sie einen Termin.
vor		Es ist Viertel vor acht.
ab		Kinder ab 13 Jahren müssen auf der Straße fahren.

4b   Lokale Präpositionen

Wo?	**bei**	Sie ist beim Friseur.
	in	Sie ist im Supermarkt.
Wohin?	**zu**	Sie geht zur Post.
	nach	Sie fährt nach Italien.
	in	Sie fliegt in die Schweiz.
Woher?	**von**	Sie kommt von der Arbeit.
	aus	Sie kommt aus Frankreich.

> **ℹ**
> an + dem = am
>
> bei + dem → beim
> in + dem → im
>
> zu + der → zur
> zu + dem → zum
>
> von + dem → vom

4c   Präpositionen mit Dativ

bei	Ich wohne bei meinen Verwandten. Sie arbeitet bei der Volksbank.
nach	Nach dem Deutschkurs möchte ich eine Arbeit suchen.
aus	Ich gehe jeden Morgen um acht Uhr aus dem Haus.
mit	Ich fahre mit meiner Freundin nach Hamburg.
zu	Ich gehe jeden Tag zur Sprachschule.
von	Um 13 Uhr komme ich von der Sprachschule nach Hause.

4d   Präpositionen mit Akkusativ

für	Für den Antrag brauchen Sie einen Pass und ein Foto.
durch	Der Zug fährt durch das Höllental.
um	Man kann sehr gut um den Schluchsee wandern.
ohne	Die Frau trinkt Früchtetee ohne Zucker.

einhundertdrei **103**

Grammatik im Überblick

4e Wechselpräpositionen mit Dativ

in	In der Bäckerei sind viele Leute.
an	Der Bus steht an der Ampel.
auf	Auf dem Platz steht eine Bank.
unter	Der Mann sitzt unter dem Baum.
über	Die Praxis ist im ersten Stock über dem Café.
vor	Vor dem Supermarkt ist ein Parkplatz.
hinter	Hinter dem Supermarkt ist ein Fluss.
neben	Neben dem Kino ist die Post.
zwischen	Zwischen der Post und dem Café ist die Apotheke.

> **i**
> in dem = im
> an dem = am

5 Adjektive

5a Adjektive nach dem Nomen (prädikativ)

Adjektive nach dem Nomen haben keine Endung.

Der Schrank ist neu.	In finde den Schrank schön.
Das Sofa ist bequem.	Ich finde das Sofa langweilig.

5b Adjektive vor dem Nomen (attributiv)

Zwischen Artikel und Nomen haben Adjektive eine Endung.

	Nominativ	**Akkusativ**
m	der grau**e** Anzug	den grau**en** Anzug
n	das blau**e** Hemd	das blau**e** Hemd
f	die rot**e** Bluse	die rot**e** Bluse
Pl.	die braun**en** Schuhe	die braun**en** Schuhe

> *Der graue Anzug ist teuer.*

> *Ich nehme den blauen Anzug.*

5c Adjektive im Komparativ

schön – schön**er**

hell – hell**er**

kurz – k**ü**rz**er**

(!) gern – **lieber**

gut – **besser**

viel – **mehr**

> *Naomi ist kleiner als Alex.*

> *Katia ist genauso groß wie Klaus.*

> *Alex ist größer als Naomi.*

104 *einhundertvier*

6   Die Wörter im Satz

6a   Verneinung mit *nicht* und *kein*

ein → kein

Ich habe **einen** Tisch / **ein** Sofa / **eine** Waschmaschine / Stühle.
Ich habe **keinen** Tisch / **kein** Sofa / **keine** Waschmaschine / **keine** Stühle.
Ich habe **kein** Geld / **keine** Zeit / **keine** Lust.

nicht

Heute kommt er.   Morgen kommt er **nicht**.
Sie isst gern Käse.   Sie isst **nicht** gern Käse.
Ich arbeite viel.   Ich arbeite **nicht** viel.

6b   Aussagesätze und W-Fragen

	Position 2	
Woher	**kommen**	Sie?
Ich	**komme**	aus Costa Rica.
Wie	**heißt**	Ihr Sohn?
Er	**heißt**	Lukas.
Was	**sind**	Sie von Beruf?
Ich	**bin**	Lehrerin.

Am Wochenende	**besuche**	ich meine Freunde.
Ich	**besuche**	am Wochenende meine Freunde.
Dann	**machen**	wir eine Radtour.

6c   Ja/Nein-Fragen (Satzfragen)

Kommen	Sie aus München?
Haben	Sie morgen Zeit?
Möchtest	du einen Kaffee?
Kennt	ihr Berlin?

einhundertfünf **105**

Grammatik im Überblick

6d Satzklammer (trennbare Verben, Modalverben, Perfekt)

Wann	**holst**	du morgen die Kinder	**ab?**
Ich	**hole**	sie am Nachmittag	**ab.**
Frau Steiner	**muss**	morgen früh	**aufstehen.**
Frau Kuhn	**will**	am Wochenende nicht	**arbeiten.**
Früher	**habe**	ich in der Stadt	**gewohnt.**

6e Konjunktionen

Ich gehe in den Supermarkt	**und** (ich) kaufe Käse.
Ich spreche Spanisch,	**aber** Fatima spricht Türkisch.
Am Sonntag habe ich frei,	**denn** ich muss nicht arbeiten.
Im Urlaub fahren wir nach Spanien,	**oder** wir fliegen nach Costa Rica.

7 Datum

1–19 + *ten*

am 1. – am **ersten**
am 2. – am zwei**ten**
am 3. – am **dritten**
am 4. – am vier**ten**
am 5. – am fünf**ten**
am 6. – am sechs**ten**
am 7. – am sieb**ten**
am 8. – am ach**ten**
am 9. – am neun**ten**
am 10. – am zehn**ten**

ab 20 + *sten*

am 20. – am zwanzig**sten**
am 21. – am einundzwanzig**sten**
am 22. – am zweiundzwanzig**sten**
am 23. – am dreiundzwanzig**sten**
am 24. – am vierundzwanzig**sten**
am 25. – am fünfundzwanzig**sten**
am 26. – am sechsundzwanzig**sten**
am 27. – am siebenundzwanzig**sten**
am 28. – am achtundzwanzig**sten**
am 29. – am neunundzwanzig**sten**
am 30. – am dreißig**sten**
am 31. – am einunddreißig**sten**

Wann haben Sie geheiratet?

Am 9. 9. 1999.

Unregelmäßige Verben

Die Liste enthält alle unregelmäßigen Verben aus **Pluspunkt Deutsch A1**.

Infinitiv	Präsens 3. Person Sg. er/es/sie/man	Perfekt 3. Person Sg. er/es/sie/man
abbiegen	biegt ab	ist abgebogen
abfahren	fährt ab	ist abgefahren
abgeben	gibt ab	hat abgegeben
anfangen	fängt an	hat angefangen
anhalten	hält an	hat angehalten
ankommen	kommt an	ist angekommen
annehmen	nimmt an	hat angenommen
anrufen	ruft an	hat angerufen
anziehen	zieht an	hat angezogen
aufstehen	steht auf	ist aufgestanden
ausfallen	fällt aus	ist ausgefallen
ausgehen	geht aus	ist ausgegangen
aussehen	sieht aus	hat ausgesehen
beginnen	beginnt	hat begonnen
bekommen	bekommt	hat bekommen
beraten	berät	hat beraten
bleiben	bleibt	ist geblieben
bringen	bringt	hat gebracht
dürfen	darf	hat gedurft
einladen	lädt ein	hat eingeladen
eintragen	trägt ein	hat eingetragen
empfehlen	empfiehlt	hat empfohlen
essen	isst	hat gegessen
fahren	fährt	ist gefahren
fernsehen	sieht fern	hat ferngesehen
finden	findet	hat gefunden
fliegen	fliegt	ist geflogen
geben	gibt	hat gegeben
gefallen	gefällt	hat gefallen
gehen	geht	ist gegangen
haben	hat	hat gehabt
halten	hält	hat gehalten
heben	hebt	hat gehoben
heißen	heißt	hat geheißen
helfen	hilft	hat geholfen
herunterladen	lädt herunter	hat heruntergeladen
kennen	kennt	hat gekannt
kommen	kommt	ist gekommen
können	kann	hat gekonnt

einhundertsieben **107**

Unregelmäßige Verben

laufen	läuft	ist gelaufen
lesen	liest	hat gelesen
liegen	liegt	hat gelegen
losgehen	geht los	ist losgegangen
messen	misst	hat gemessen
mitbringen	bringt mit	hat mitgebracht
mitfahren	fährt mit	ist mitgefahren
mitkommen	kommt mit	ist mitgekommen
mitnehmen	nimmt mit	hat mitgenommen
mögen	mag	hat gemocht
müssen	muss	hat gemusst
nachsehen	sieht nach	hat nachgesehen
nehmen	nimmt	hat genommen
nennen	nennt	hat genannt
passieren	passiert	ist passiert
reinkommen	kommt rein	ist reingekommen
riechen	riecht	hat gerochen
scheinen	scheint	hat geschienen
schlafen	schläft	hat geschlafen
schließen	schließt	hat geschlossen
schreiben	schreibt	hat geschrieben
schwimmen	schwimmt	ist geschwommen
sehen	sieht	hat gesehen
sein	ist	ist gewesen
sitzen	sitzt	hat gesessen
sprechen	spricht	hat gesprochen
stattfinden	findet statt	hat stattgefunden
stehen	steht	hat gestanden
streiten	streitet	hat gestritten
tragen	trägt	hat getragen
treffen	trifft	hat getroffen
trinken	trinkt	hat getrunken
überweisen	überweist	hat überwiesen
umsteigen	steigt um	ist umgestiegen
umziehen	zieht um	ist umgezogen
unterschreiben	unterschreibt	hat unterschrieben
vergessen	vergisst	hat vergessen
verstehen	versteht	hat verstanden
vorbeikommen	kommt vorbei	ist vorbeigekommen
vorlesen	liest vor	hat vorgelesen
wegfahren	fährt weg	ist weggefahren
wehtun	tut weh	hat wehgetan
weiterfahren	fährt weiter	ist weitergefahren
wiederkommen	kommt wieder	ist wiedergekommen
zurückfahren	fährt zurück	ist zurückgefahren
zurückkommen	kommt zurück	ist zurückgekommen

Hörtexte

Hier finden Sie alle Hörtexte, die nicht oder nicht vollständig im Buch abgedruckt sind.

LEKTION **Gute Besserung!**

A 1b

1. ◖ Praxis Dr. Wickel, Müller am Apparat, guten Tag.
   ◖ Guten Tag, ich möchte einen Termin für nächste Woche.
   ◖ Ja, können Sie am Dienstag kommen? So um 15 Uhr?
   ◖ 15 Uhr? Ja, das geht.
   ◖ Dann sagen Sie mir bitte noch einmal Ihren Namen.
   ◖ Bas, B A S.
   ◖ Gut, Frau Bas, am Dienstag um 15 Uhr. Auf Wiederhören
   ◖ Danke, auf Wiederhören.

2. ◖ Praxis Dr. Wickel, Müller am Apparat, guten Tag.
   ◖ Guten Tag, mein Name ist Hristov. Ich hätte gern einen Termin.
   ◖ Ja, ich habe einen Termin am nächsten Montag um neun Uhr.
   ◖ Nein, ich brauche schnell einen Termin. Ich bin krank.
   ◖ Ach so, ja dann kommen Sie doch am Mittwochnachmittag um 16 Uhr. Aber Sie müssen ein bisschen Zeit mitbringen. Sagen Sie mir bitte noch einmal Ihren Namen.
   ◖ Hristov, H R I S T O V.
   ◖ Gut, Herr Hristov, am Mittwoch um 16 Uhr.
   ◖ Danke, auf Wiederhören.
   ◖ Auf Wiederhören.

C 1

◖ Burcu, was ist los? Du musst aufstehen. Es ist sieben Uhr.
◖ Mein Kopf tut weh.
◖ Mmmh, dein Kopf ist ganz heiß. Wir müssen Fieber messen. Du bleibst heute zu Hause. Ich mache jetzt erst mal einen Tee und später gehen wir zum Arzt. Möchtest du sonst noch etwas, mein Schatz?
◖ Ja, meinen MP3-Player.
◖ Was hat Burcu?
◖ Sie ist krank, Mahmut. Vielleicht ist es Scharlach. Ich schreibe eine Entschuldigung und du nimmst sie mit und gibst sie dem Klassenlehrer.
◖ Okay, ich gebe sie Herrn Nolte. Gute Besserung, Schwesterchen.
◖ Ich hole das Fieberthermometer und dann kannst du Musik hören.
◖ Au ja …

Alles klar 7

◖ Ich bin krank. Ich habe Husten und Schnupfen. Ich habe Halsschmerzen. Ich habe Fieber. Mein Kopf tut weh. Mir geht es schlecht. Ich soll zu Hause bleiben. Ich soll viel Tee trinken. Ich soll Tabletten nehmen.
◖ Du Arme, gute Besserung!

einhundertneun **109**

Hörtexte

LEKTION 9 **Meine Wege durch die Stadt**

A 2

1. Mein Name ist Sander, ich bin Sekretärin und arbeite bei Jenaoptik in Jena. Aber ich wohne in Naumburg. Ich brauche ungefähr 50 Minuten zur Arbeit. Ich fahre erst mit dem Fahrrad zum Bahnhof und dann mit dem Zug. Im Zug lese ich gern, manchmal schlafe ich auch noch ein bisschen.
2. Mein Name ist Hoppe, Thomas Hoppe. Ich wohne in Stuttgart. Ich arbeite bei Mercedes Benz.
Ich laufe erst zur Straßenbahn und fahre zehn Minuten. Dann muss ich umsteigen und noch 15 Minuten mit der S-Bahn fahren. Ich brauche eine halbe Stunde zur Arbeit.

B 4a

◖ Besucht mich doch mal, habt ihr am Samstag Zeit?
◗ Ja, Samstag geht.
◖ Wunderbar, dann kommt doch am Samstagnachmittag so gegen drei. Wir können zusammen Kaffee trinken und vielleicht ein bisschen im Park spazieren gehen.

B 4c

1. ◖ Hallo. Ich habe am Samstag Geburtstag und mache eine Party, kommst du?
◗ Klar, gern, wo wohnst du denn?
◖ In der Nähe vom Bahnhof. Du musst hier von der Sprachschule die Straße nach links gehen, immer geradeaus, dann an der dritten Kreuzung links und wir wohnen direkt am Park. Das ist sehr schön. Unser Haus ist das zweite Haus auf der rechten Seite.

2. ◖ Oh, diese Wörter, ich muss unbedingt Wörter lernen.
◗ Sollen wir zusammen lernen? Das macht Spaß. Komm doch heute Nachmittag zu mir, ich mache uns einen Tee.
◖ Gute Idee, ich bringe Kuchen mit. Wo wohnst du denn?
◗ Wir wohnen ganz in der Nähe, es ist nicht weit, vielleicht fünf Minuten. Du musst hier von der Sprachschule in die Straße nach rechts gehen, dann sofort wieder links, dann wieder die nächste Straße links. Dann siehst du die Polizei. Wir wohnen neben der Polizei.
◖ Das finde ich bestimmt. Tschüss, bis heute Nachmittag.
◗ Tschüss.

C 3

◖ Mama, heute hatten wir Verkehrsunterricht in der Schule.
◗ Aha, und erzähl mal, was musst du im Verkehr machen?
◖ Ich darf nicht zwischen Autos auf die Straße laufen, das ist gefährlich.
◗ Ja, genau.
◖ Und ich darf mit dem Fahrrad auf der Straße und auf dem Bürgersteig fahren. Und Tim muss auf dem Bürgersteig fahren.
◗ Ja, das ist richtig. Und weißt du auch warum?
◖ Ja, ich bin schon elf und mit elf darf ich auf dem Bürgersteig und auf der Straße fahren und Tim ist erst zehn, und bis zehn Jahre müssen Kinder auf dem Bürgersteig fahren. Er darf noch nicht auf der Straße fahren. Er ist zu klein.
◗ Ich bin gar nicht klein.
◖ Ja, das stimmt, mit elf Jahren darfst du auf der Straße fahren. Ab 13 Jahren musst du

110 *einhundertzehn*

aber auf der Straße fahren wie die Erwachsenen, aber fahr du jetzt lieber auf dem Bürgersteig, das ist nicht so gefährlich.

Alles klar 7
Wie kommt Herr Lutter zur Arbeit? Herr Lutter geht erst zu Fuß. Er bringt seinen Sohn zum Kindergarten. Dann fährt er mit der U-Bahn zum Bahnhof. Er fährt eine halbe Stunde mit dem Zug. Dann fährt er mit dem Bus drei Stationen. Um neun Uhr ist er da. Er braucht eineinhalb Stunden zur Arbeit.

LEKTION 10 **Mein Leben**

B 2
▸ Hier ist der Anschluss von Familie Schmidt. Wir sind im Moment leider nicht da. Bitte hinterlassen Sie eine Nachricht nach dem Piepton.
▸ Hallo, Markus, hier ist Simone. Es ist etwas Dummes passiert. Ich kann meinen Autoschlüssel nicht finden. Was sollen wir machen? Ruf mich unbedingt schnell zurück.

C 1
▸ Willkommen in unserer Sendung „Leute in Deutschland" heute zum Thema „Leben in zwei Ländern". Ich begrüße ganz herzlich Herrn Soto.
▸ Guten Tag.
▸ Herr Soto, jetzt sind Sie hier in Deutschland, aber früher waren Sie in Costa Rica. Erzählen Sie von Ihrem Leben. Haben Sie in Costa Rica in einer Stadt oder auf dem Land gelebt?
▸ Vor 15 Jahren habe ich auf dem Land gelebt. Das war sehr schön, aber wir waren sehr arm. Dann habe ich sechs Jahre in einer Stadt gelebt, in San Miguel. Das war interessant, ich mag San Miguel. Da habe ich sechs Jahre als Verkäufer gearbeitet.
▸ Und dann sind Sie nach Deutschland gekommen. Erst nach Frankfurt und jetzt wohnen Sie in Assenheim. Wie war es am Anfang?
▸ Am Anfang in Frankfurt war es sehr schwer. Ich war allein und ich hatte keine Arbeit. Aber jetzt ist es besser.
▸ Haben Sie in Costa Rica schon Deutsch gelernt?
▸ Nur sehr wenig. Am Anfang habe ich in Deutschland nichts verstanden. Dann habe ich Deutsch gelernt, das war vor acht Jahren. Ich habe in der Volkshochschule in Frankfurt einen Kurs gemacht. Dann war es besser und ich habe eine Arbeit gefunden. Ich habe fünf Jahre als Taxifahrer gearbeitet.
▸ Und jetzt, wie geht es Ihnen jetzt?
▸ Jetzt geht es mir gut, meine Frau und meine Kinder sind auch hier. Wir wohnen in einer Kleinstadt in der Nähe von Frankfurt. Meine Frau arbeitet als Reinigungskraft in einem Supermarkt und ich habe mein eigenes Taxiunternehmen. Und seit zwei Jahren wohnen wir in unserem eigenen Haus. Es geht uns wirklich gut.
▸ Und fahren Sie häufig in Ihre Heimat?
▸ Ja, das ist ganz wichtig für mich. Im Urlaub im Sommer fahren wir dann mit den Kindern zu unseren Verwandten nach Costa Rica …

Alles Klar 2
Guten Tag, hier ist der Anrufbeantworter von Familie Schmidt. Wir sind im Moment leider nicht da. Bitte hinterlassen Sie eine Nachricht nach dem Piepton.

einhundertelf **111**

Hörtexte

Alles Klar 8
Simone ist mit den Kindern nach Wien gefahren. Ihr Mann ist nicht mitgekommen. Er hatte viel Arbeit und hatte keine Zeit. Simone und die Kinder haben in Wien viel gemacht. Sie sind mit dem Schiff gefahren. Sie sind spazieren gegangen. Und sie haben den Prater gesehen. Dann hatten sie ein Problem: Der Autoschlüssel war weg. Simone hat ihren Mann angerufen. Markus ist sofort nach Wien gekommen. Sie haben zusammen einen Ausflug gemacht. Dann sind alle zusammen wieder nach Hause gefahren.

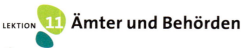

LEKTION 11 Ämter und Behörden

1b
1. ◀ Guten Tag, ich möchte meinen Kindergeldantrag abgeben.
   ◀ Da müssen Sie zur Familienkasse gehen. Die ist in der Lörracher Straße 16.
2. ◀ Standesamt Bremen-Mitte.
   ◀ Guten Tag, mein Name ist Jürgen Herberger. Meine Freundin und ich wollen bald heiraten und haben einige Fragen.
3. ◀ Service-Center der Bundesagentur für Arbeit, guten Tag.
   ◀ Guten Tag, ich heiße Akad Celik und hätte gern einen Termin mit einem Arbeitsvermittler.
4. ◀ Wann kommst du morgen nach Hause?
   ◀ Ich komme erst um halb sechs. Nach der Arbeit will ich noch das Auto anmelden.

A 4
Mein Name ist Stefan Ruland und ich bin am 14. 7. 1972 geboren. Meine Frau heißt Katrin und ist am 2. 5. 1974 geboren. Unsere Tochter Sandra ist jetzt neun. Sie wurde am 4. 9. 1999 geboren und unser Sohn Robert am 26. 3. 2004. Der Kleine heißt Tobias und ist jetzt drei Jahre alt. Er wurde am 31. 1. 2006 geboren.

B 2a
◀ Guten Morgen, Ahmet. Wie geht's?
◀ Hallo, Ulrich. Naja, ich weiß nicht. Jetzt arbeiten wir schon seit einem Monat nur noch 28 Stunden in der Woche von Montag bis Donnerstag. Ich hoffe, die Firma hat bald wieder mehr Aufträge.
◀ Aber wir sind nicht arbeitslos und das ist wichtig.
◀ Und das Geld? Wir verdienen jetzt auch nicht mehr so viel. Wie soll ich die Miete bezahlen? Das Leben ist teuer!
◀ Du kannst doch Wohngeld beantragen. Ich habe das gemacht.

D 1b
1. ◀ Entschuldigung, ich habe eine Frage.
   ◀ Ja, bitte?
   ◀ Ich fülle gerade ein Anmeldeformular für einen Computerkurs aus. Was bedeutet das Wort *Kursgebühr*?
   ◀ Das ist das Geld für den Kurs. Man bezahlt die Gebühr vor dem Kurs.
   ◀ Vielen Dank für Ihre Hilfe.
2. ◀ Entschuldigen Sie, bitte. Muss man hier lange warten?
   ◀ Haben Sie eine Wartenummer?
   ◀ Nein, bekommt man die am Informationsschalter?
   ◀ Nein, die Wartenummer ziehen Sie hier an dem Automaten. Wenn Ihre Nummer auf der Anzeigetafel erscheint, sind Sie an der Reihe.
   ◀ Auf der Anzeigetafel ist jetzt die Nummer 51 und ich habe die Nummer 93. Wie lange dauert das?

◀ Heute sind viele Leute da. Das dauert bestimmt eine Stunde.

Alles Klar 7
Entschuldigung, können Sie mir helfen? Ich verstehe das Wort *berufstätig* nicht. Können Sie mir das bitte erklären? – Entschuldigung, ich habe einen Termin bei Frau Barth. Wo finde ich ihr Büro? – Entschuldigen Sie bitte, ich habe eine Frage. Wo bekomme ich die Wartenummer? – Entschuldigung, können Sie mir helfen? Bekomme ich hier die Formulare für das Kindergeld?

Im Kaufhaus

A 3a
1. Ich bin Studentin und habe nicht viel Geld. Ich kaufe meine Sachen meistens in Secondhandläden. Das ist billig und die Kleidung ist oft originell. Manchmal kaufe ich natürlich auch im Internet.
2. Ich habe drei Kinder und die brauchen ständig etwas Neues. Bei uns gibt es immer einen Flohmarkt für Kindersachen. Da verkaufe ich und kaufe auch. Die Sachen sind gut und billig.
3. Ich gehe nicht gern einkaufen, außerdem habe ich wenig Zeit. Deshalb bestelle ich meine Kleidung aus dem Katalog oder im Internet.
4. Ich kaufe gern ein, aber Kleidung ist ganz schön teuer. Ich gehe immer in Boutiquen oder Kaufhäuser, da gibt es oft Sonderangebote im Sommerschlussverkauf oder im Winterschlussverkauf. Da kann man gute Sachen billig bekommen.

B 4
1. ◀ Was kostet der Mantel? Kostet der auch 59 Euro wie der grüne hier?
   ◀ Nein, ich glaube nicht. Ist da kein Preisschild dran?
   ◀ Nein, ich sehe keinen Preis.
   ◀ Moment, ich schau einmal nach. Also der Mantel ist doch von Replay, oder?
   ◀ Ja.
   ◀ Der kostet 95,95€.
   ◀ 95,95€, danke.
2. ◀ Entschuldigung, haben Sie diese Babyhose auch in Größe 68?
   ◀ 68? Mmh, Moment, hier habe ich 86, 80 und 74. Nein tut mir leid, in Größe 68 haben wir die Hose nicht mehr. Nehmen Sie doch 74.

Alles klar 6
Entschuldigung, wo finde ich Handys? – Entschuldigung, wie lange haben Sie geöffnet? – Ach bitte, wo kann ich das bezahlen? Wo ist die Kasse? – Entschuldigung, ich suche die Toiletten. – Ich hätte gern diese Bluse in Weiß. – Gibt es die Jacke auch in Größe 40? – Entschuldigung, was kostet der Pullover? – Kann ich den Mantel anprobieren?

einhundertdreizehn 113

Hörtexte

LEKTION 13 **Auf Reisen**

2
1. ◆ Es ist so heiß. Ich gehe schwimmen. Kommst du mit?
   ◆ Nein, ich habe keine Lust. Ich bleibe hier und lese ein bisschen.
2. ◆ Und, was kaufen wir jetzt?
   ◆ Ich brauche noch ein paar Schuhe. Bei Schuh-Müller habe ich ein paar ganz tolle Schuhe gesehen.
3. ◆ Kevin! Es ist jetzt sechs Uhr. Wir müssen nach Hause gehen.
   ◆ Nein! Nur noch fünf Minuten, Mama.
4. ◆ Puh, jetzt sind wir schon vier Stunden unterwegs. Ich kann nicht mehr.
   ◆ Es ist nicht mehr weit. Bald sind wir oben und haben einen schönen Blick auf die Umgebung.

A 3
1. Und hier noch die Wettervorhersage für morgen, Dienstag, den 28. Oktober. Im Norden ist es bewölkt mit Regen, im Süden scheint manchmal die Sonne. Höchsttemperaturen im Norden bis sieben Grad, im Süden bis zehn Grad. Nachttemperaturen in ganz Deutschland bis ein Grad.
2. Morgen scheint den ganzen Tag die Sonne. Am Abend im Westen etwas Regen. Die Temperaturen liegen am Tag zwischen 30 Grad im Norden und 34 Grad im Süden. Nachts zwischen 18 und 20 Grad.

B 1
1. Ich heiße Romana und komme aus Spanien.
2. Ich wohne in der Kaiserstraße 138. Meine Telefonnummer ist 23 56 781.
3. Bitte schreiben Sie den Text bis morgen.
4. Bei Komposita bestimmt das letzte Wort den Artikel.

B 2
1. ◆ Ich wohne in der Habsburger Straße 87.
   ◆ Ich wohne in der Emser Straße 79.
2. ◆ Ich habe drei Schwestern und zwei Brüder.
   ◆ Ich habe einen Bruder und zwei Schwestern.
3. ◆ Ich bin Arzt von Beruf. Ich arbeite in einem Krankenhaus und muss auch am Wochenende arbeiten.
   ◆ Ich bin Ärztin von Beruf. Ich arbeite in einem Krankenhaus und muss auch am Wochenende arbeiten.
4. ◆ Also, ich wohne in Hamburg. Die Stadt ist toll, man kann so viel machen. Es gibt Kinos, Theater, Diskotheken. Oft komme ich erst sehr früh am Morgen nach Hause. Ach, und man kann einkaufen! Wahnsinn! Im Stadtzentrum gibt es zum Beispiel …
   ◆ Ich wohne auch in Hamburg. Naja, die Stadt ist nicht schlecht.

C 4
1. Der Regionalexpress von Freising nach München, planmäßige Abfahrt 15.02 Uhr von Gleis drei fährt heute von Gleis sieben.
2. Achtung an Gleis vier. Der ICE von Stuttgart nach Hamburg, planmäßige Ankunft 8.04 Uhr, planmäßige Weiterfahrt 8.06 Uhr, wird zehn Minuten später kommen.
3. Meine Damen und Herren, bitte beachten Sie: Der Regionalexpress RE 234 nach Nienburg fährt heute von Gleis vier.
4. Bitte beachten Sie die aktuellen Fahrpläne auf den Bahnsteigen für eventuelle Änderungen im Zugbetrieb.

114 *einhundertvierzehn*

Alles klar 4

- Ich hätte gern eine Fahrkarte für die
  1. Klasse von Frankfurt nach Osnabrück.
- Brauchen Sie eine Reservierung?
- Ja, bitte. Ich möchte am Dienstag um 7.58
  Uhr abfahren.
- Haben Sie eine BahnCard?
- Nein.
- Das sind dann 139 Euro.

Alles klar 6

Der Schwarzwald. Der Schwarzwald ist sehr
schön. Das Wetter ist sehr gut. Im Sommer
regnet es wenig. Die Sonne scheint sehr viel.
Es ist warm. Viele Leute machen dort Urlaub.
Man kann im See schwimmen. Man kann in
den Bergen wandern. Im Winter ist es kalt. Es
gibt viel Schnee. Aber auch im Winter scheint
die Sonne viel.

LEKTION 14 Zusammen leben

1. Hier wohnt Familie Kuhn. Heute möchte
   ich sie besuchen. Oh, die Haustür ist
   schwer. Sie wohnen im dritten Stock und
   haben einen schönen Balkon. Hier ist der
   Aufzug. Ach nein, ich gehe lieber zu Fuß.
   Treppen steigen, das ist gut für die
   Gesundheit. Puh, die Treppe war ganz
   schön anstrengend, so hier ist die Tür, wo
   ist die Klingel? Ach hier. Was ist das denn,
   haben Kuhns jetzt einen Hund?

A 4a

- Hallo, sind Sie auch neu hier in der Schloss-
  straße?
- Nein, ich wohne schon lange hier.
- Hallo, die Musik ist toll. Wollen wir tanzen?
- Ja, das ist eine gute Idee, komm ...
- Schönes Wetter heute.

- Ja, wir haben wirklich Glück mit dem
  Wetter. Die ganze Woche hat es geregnet.
  Und jetzt – wunderbar!

C 2

- Mama, ich habe Durst!
- Tut mir leid, Anu, aber der Saft ist alle.
- Entschuldigen Sie, aber ich habe noch Tee.
  Möchten Sie....?
- Das ist aber nett – gern. Hier nimm, Anu,
  und sag „Danke"!
- Danke.
- Sind Sie oft hier?
- Ja, ich wohne ganz in der Nähe.
- Ich auch. So ein Spielplatz in der Nähe ist
  wirklich praktisch. Übrigens, ich heiße
  Renate, wollen wir nicht „du" sagen?
- Ja, gern, ich heiße Kouma. Kommen Sie, äh
  ich meine, kommst du oft auf diesen Spiel-
  platz?
- Ja, fast jeden Tag. Dort hinten, das ist meine
  Tochter, sie heißt Nina.
- Wie alt ist sie?
- Nina ist drei. Ab August soll sie in den
  Kindergarten gehen. Ich möchte wieder
  arbeiten.
- Ich bin zu Hause. Aber mein Mann hat ein
  Geschäft und braucht meine Hilfe. Vielleicht
  suche ich auch einen Kindergartenplatz für
  Anu.
- Das ist sicher gut. Er kann dort mit anderen
  Kindern spielen ...
- ... und dann muss er Deutsch sprechen.
  Wissen Sie, äh ich meine, weißt du, wir
  sprechen zu Hause Französisch und nur
  draußen Deutsch. Anu versteht viel, aber er
  spricht zu wenig Deutsch.
- Wir gehen nächste Woche in den Kindergarten.

einhundertfünfzehn **115**

Hörtexte

C 3b
- Wir gehen nächste Woche in den Kindergarten, warum kommt ihr nicht einfach mit?
- Das ist eine gute Idee. Ich komme gern mit. Soll ich dich anrufen, dann können wir einen Termin machen?
- Ja, aber ich weiß meine Handynummer nicht. Oh, es fängt an zu regnen. Willst du nicht mit zu mir kommen? Dann kann ich dir die Nummer geben, die Kinder spielen zusammen und ich mach uns einen Kaffee.
- Wenn du wirklich Zeit hast, sehr gern.

Alles klar 5
Guten Tag, wie geht es Ihnen? – Schönes Wetter heute. – Ich glaube, wir haben uns schon mal gesehen. – Sind Sie auch neu hier im Haus? – Mhm, das schmeckt gut, haben Sie das selbst gemacht? – Wir haben heute Glück mit dem Wetter. – Haben Sie schon gehört, wir haben neue Nachbarn. – Hallo, die Musik ist toll, wollen wir tanzen?

Station 4

Start A1 – ein Modelltest

Teil 1

Beispiel
- Hallo Anja.
- Hi, Karin. Gehen wir am Wochenende ins Kino?
- Ja, gern. Hast du am Freitag Zeit?
- Nein, Freitag kann ich leider nicht, ich kann aber am Samstag.
- Hm, am Samstag kann ich nicht. Gehen wir am Sonntag?
- Ja, Sonntag ist gut.

1.
   - Entschuldigung, was kosten denn die Schuhe hier? Da ist kein Preis dran.
   - Die Schuhe, Moment, ich schau mal im Computer nach. Die Schuhe kosten 49 Euro.
   - 49 Euro? Gut, die nehme ich.

2.
   - Der Deutschkurs beginnt morgen nicht um 13 Uhr, wir fangen eine Dreiviertelstunde später an.
   - Wie bitte, wann fangen wir an?
   - Wir fangen um 13.45 Uhr an.

3.
   - Entschuldigung, ich suche den Bahnhof.
   - Der Bahnhof, der ist ganz in der Nähe. Gehen Sie hier die nächste Straße rechts, dann kommen Sie gleich zum Bahnhof.
   - Da vorne rechts?
   - Ja, genau, da gehen Sie rechts, dann sehen Sie schon den Bahnhof.

4.
   - So, Frau Stark, ich gebe Ihnen ein Rezept für die Tabletten. Die müssen Sie zehn Tage lang nehmen.
   - Wie oft und wann soll ich die Tabletten nehmen?
   - Drei mal pro Tag, immer vor dem Essen. Also vor dem Frühstück, vor dem Mittagessen und vor dem Abendessen.

5.
   - Herr Wang, wie kommen Sie zum Deutschkurs? Fahren Sie mit dem Bus?
   - Nein, ich wohne ganz in der Nähe. Meistens fahre ich mit dem Fahrrad, aber jetzt ist mein Fahrrad kaputt. Jetzt gehe ich zu Fuß.

6.
   - Hallo, Petra, hier ist Anna. Was brauchen wir noch für das Grillfest morgen?
   - Hallo, Anna. Moment, also Fleisch und Brot habe ich schon gekauft, aber wir haben noch keinen Salat.
   - Gut, dann bringen wir noch einen Salat mit.

116 *einhundertsechzehn*

Teil 2

Beispiel

Meine Damen und Herren, auf Gleis drei erhält Einfahrt der ICE 212 von Hamburg nach München, über Mannheim, Stuttgart und Augsburg. Die Wagen der 1. Klasse halten in den Abschnitten A und B, die Wagen der 2. Klasse halten in den Abschnitten C bis E.

7. Meine Damen und Herren, wegen einer Störung im Betriebslauf hat der IC 788 von Kiel nach Hamburg, Ankunft 13.20 Uhr, eine halbe Stunde Verspätung. Ich wiederhole, der IC von Kiel nach Hamburg kommt zirka eine halbe Stunde später. Wir bitten um Ihr Verständnis.

8. Verehrte Kunden, unsere große Herbstaktion im ersten Stock: Schuhe im Sonderangebot. Herrenschuhe, Damenschuhe und Kinderschuhe heute billiger. Kommen Sie in den ersten Stock.

9. Frau Malzahr, gebucht auf Lufthansa Flug 544 nach London, bitte zur Information in Halle eins. Frau Malzahn bitte in Halle eins zum Informationsschalter.

10. Meine Damen und Herren, die S-Bahn nach Frankfurt fährt heute nicht auf Gleis drei. Wegen Bauarbeiten an den Gleisen fährt die S-Bahn heute auf Gleis fünf.

Teil 3

11. Hier ist der automatische Anrufbeantworter der Praxis Dr. Mocker. Sie rufen außerhalb unserer Sprechzeiten an. Unsere Sprechzeiten sind Montag, Dienstag, Donnerstag und Freitag von neun bis 18 Uhr und Mittwoch von acht bis zwölf Uhr. Am Mittwochnachmittag ist unsere Praxis geschlossen.

12. Hallo, Anne, hier ist Kai. ich bin jetzt im Zug und komme um kurz nach drei in Berlin an, am Hauptbahnhof. Holst du mich ab? Auf dem Gleis ist es immer so voll. Wir können uns im Erdgeschoss an der Information treffen. Schick mir eine SMS. Tschüss.

13. Hallo Eric, hier ist Monika. Tut mir leid, ich muss heute länger arbeiten, ich kann nicht sofort kommen. Ich kann erst um acht oder vielleicht halb neun bei dir sein. Bis dann, Tschüss.

14. Guten Morgen, Frau Barthel, hier ist Holger Baum. Ich bin krank und kann heute und morgen nicht zur Arbeit kommen. Am Montag bin ich wieder da. Sagen Sie bitte meinen Kollegen Bescheid? Danke.

15. Hallo, Tina, du bist nicht da, schade! Ich bin heute in Frankfurt, vielleicht können wir heute Abend essen gehen? Ruf mich doch zurück. Meine Handynummer ist: 0171 – 330 427.

Alphabetische Wortliste

Die alphabetische Wortliste enthält den Wortschatz der Lektionen 1–14 sowie der Stationen des Kursbuches (Teilband 1 und 2). Zahlen, grammatische Begriffe sowie Namen von Personen, Städten und Ländern sind in der Liste nicht enthalten. Wörter, die zum Wortschatz des *Test Start Deutsch 1* und des *Deutsch-Test für Zuwanderer (B1)* gehören, sind markiert.

Die Zahlen geben an, wo die Wörter zum ersten Mal vorkommen (z. B. 5/B1a bedeutet Lektion 5, Block B, Übung 1a).

AT bedeutet Auftaktseite der jeweiligen Lektion.

Ein · oder ein _ unter dem Wort zeigt den Wortakzent:

ạ = kurzer Vokal

a̱ = langer Vokal

ab|holen = trennbares Verb

Nach dem Nomen finden Sie immer den Artikel und die Pluralform:

" = Umlaut im Plural

Sg. = dieses Wort gibt es (meistens) nur im Singular

Pl. = dieses Wort gibt es (meistens) nur im Plural

–

4-Zimmerwohnung, die, -en 3/E1a

A

ạb 9/C3

ạb|biegen, ạbgebogen 9/C4

Abend, der, -e 5/C1b

Abendessen, das, - 6/A7

abends 13/klar2

aber 2/A1b

ạb|fahren, ạbgefahren 13/C1b

Abfahrt, die, -en 13/C1b

ạb|geben, ạbgegeben 11/C3

ạb|holen 5/B1a

Abkürzung, die, -en 3/E3

ạb|melden 11/AT1a

Absender, der, - 14/B3b

Abteilung, die, -en 12/B3a

Adrẹsse, die, -n 2/D

Agentur für Arbeit, die, Sg. 11/AT

allein, alleine 7/A5

ạlles 4/D1b

Alphabet, das, -e 1/C1

ạls (Komparativ) 13/A4

ạlso 5/A7

ạlt 2/AT

Alter, das, Sg. 2/klar2a

ạltmodisch 12/AT3

ạm 4/B1

am Apparạt 8/A1a

am bẹsten 8/A3a

Ampel, die, -n 9/B3a

Ạmt, das, "-er 11/AT

ạn 6/D2

ạndere 11/A1b

ạnders 4/D1b

ạn|fangen, ạngefangen 5/B1a

Angebot, das, -e 6/A5a

ạn|halten, ạngehalten 9/C4

ạn|kommen, ạngekommen 13/C1b

ạn|kreuzen Station1/1

Ankunft, die, "-e 13/C1b

ạn|machen 8/C1

Anmeldebestätigung, die, -en 11/A1a

Anmeldeformular, das, -e 2/D2a

ạn|melden 11/AT1a

Anmeldung, die, -en 7/A1a

ạn|nehmen, ạngenommen 7/A1a

ạn|probieren 12/A2a

---

118 *einhundertachtzehn*

Anrede, die, -n 14/B4b

an|rufen, angerufen 5/B3a

Antibiotikum, das, Antibiotika 8/A3a

Antwort, die, -en 1/A4

antworten 1/AT2b

Anzeige, die, -n 1/E4

an|ziehen, angezogen 12/A4b

Anzug, der, "-e 12/AT1

Apfel, der, "- 6/AT

Apfelsaft, der, "-e 6/A4

Apotheke, die, -n 8/B1

Appetit, der, Sg. 6/AT

April, der, Sg. 13/A5a

Arabisch 4/C3

Arbeit, die, -en 2/A1b

arbeiten 2/A1b

Arbeitgeber/in, der/die, -/-nen 8/B1

Arbeitstag, der, -e 7/A1a

Arbeitszeit, die, -en 7/A1a

ärgerlich 14/B3a

Arm, der, -e 8/A2a

Arzt/Ärztin, der/die, "-e/-nen 1/E1

Arztbesuch, der, -e 11/C2

Arztpraxis, die, -praxen 4/D1a

Arzttermin, der, -e 5/C2

Asienladen, der, "- 3/D1

auch 2/A1b

auf (1): auf Deutsch 2/B1c

auf (2): auf dem Foto 4A1a

auf (3): auf dem Platz 9/B3a

auf Wiederhören 2/D2a

auf Wiedersehen 1/A3a

Aufgabe, die, -n 7/A1a

auf|hören 5/B1a

auf|legen 8/E1

auf|machen 8/A3a

auf|räumen 5/B1a

auf|stehen, aufgestanden 5/B1a

Aufzug, der, "-e 14/AT1

Auge, das, -n 8/A2a

Augenarzt/ärztin, der/die, "-e/-nen 8/AT

August, der, Sg. 13/A5a

aus 1/AT2a

aus|fallen, ausgefallen 5/B2

Ausflug, der, "-e 8/klar5

aus|füllen 7/C2c

Ausgang, der, "-e 12/B3a

aus|gehen, ausgegangen 5/B1a

Ausländeramt, das, "-er 11/AT2

aus|sehen, ausgesehen 12/AT3

Auto, das, -s 2/B3b

Autokennzeichen, das, - 1/D3

Autoschlüssel, der, - 10/B2

B

Babybekleidung, die, Sg. 12/B2

Babywäsche, die, Sg. 12/B1a

backen, gebacken 14/A1b

Bäckerei, die, -en 6/A2

Bad, das, "-er 3/E2

BahnCard, die, -s 13/C1b

Bahnhof, der, "-e 9/A1

Bahnsteig, der, -e 13/C4

bald 1/A3a

Balkon, der, -e/-s 3/E1a

Ball, der, "-e 5/D1b

Banane, die, -n 6/AT

Bank (1), die, -en 7/AT1a

Bank (2), die, "-e 9/B3a

Bankkaufmann/Bankkauffrau, der/die, Bankkaufleute 7/AT1b

Bankleitzahl, (BLZ), die, -en 7/C1a

Bankverbindung, die, -en 7/C2b

Basketball, der, "-e 7/B1a

Basketballtraining, das, Sg. 7/B1a

Basketballverein, der, -e 7/C2a

Bauarbeiter/in, der/die, -/-nen 1/E1

Bauch, der, "-e 8/A2a

Bauchschmerzen, Pl. 8/AT1c

Bauernhof, der, "-e 13/AT1

Baum, der "-e 9/B3a

Beamte/Beamtin, der/die, -n/-nen 11/B2b

beantragen 11/AT1a

bearbeiten 7/A1a

Becher, der, - 6/A5a

bedeuten 11/D1a

bedienen 7/A1a

beginnen, begonnen 5/A4

Behörde, die, -n 11/AT

bei 4/C

Bein, das, -e 8/A2a

Beispiel, das, -e 2/AT2a

bekommen, bekommen 9/C5

benutzen 9/AT2

bequem 12/AT3

beraten, beraten 7/A1a

Berg, der, -e 13/AT1

Beruf, der, -e 1/E

Berufsberatung, die, -en 11/AT1a

berufstätig 11/A1a

berühmt 13/D1a

besichtigen 4/B2a

Besserung, die, Sg. (hier: Gute Besserung!) 8/AT

bestellen 7/A1a

bestimmt 14/A1b

Besuch, der, -e 8/A

besuchen 4/B2a

einhundertneunzehn **119**

Wortliste

Betreff, der, Sg. 14/B4b
betreuen 14/C5a
Bett, das, -en 3/AT1a
bewölkt 13/A1
bezahlen 3/E1a
Bibliothek, die, -en 9/A3
Bier, das, -e 6/A7
Bild, das, -er 3/AT1a
billig 3/E4b
Birne, die, -n 6/B4
bis 1/A3a
bisschen, ein bisschen 2/A1b
bitte Station1/2
Bitte, die, -n 14/A1b
blau 3/C1
bleiben, geblieben 2/A1b
Bleistift, der, -e 2/B3a
Blinddarmentzündung, die, -en 8/D1a
blinken 9/C4
Blume, die, -n 3/A1b
Bluse, die, -n 12/AT1
Boutique, die, -n 12/A3a
brauchen 3/B
braun 3/C1
Briefträger/in, der/die, -/-nen 7/AT1b
Brille, die, -n 2/B1a
bringen, gebracht 8/D1a
Brot, das, -e 6/AT
Brötchen, das, - 6/A7
Brücke, die, -n 13/C5a
Bruder, der, "- 4/AT
Brust, die, "-e 8/E2
Buch, das, "-er 2/B1a
Buchstabe, der, -n 1/C
buchstabieren 1/C3
Bürgeramt, das, "-er 11/AT2
Bürgersteig, der, -e 9/C3

Büro, das, -s 7/A5
Bus, der, -se 5/klar2
Bushaltestelle, die, -n 9/B3c
Butter, die, Sg. 6/AT

C

Café, das, -s 9/B3a
Chef/in, der/die, -s/-nen 7/B1a
Chinesisch 2/A1b
Chips, Pl. 6/A6
Computer, der, - 2/B3b
Computerspiel, das, -e 5/C3
cool 12/A4b
Cornflakes, Pl. 6/D2
Cousin, der, -s 4/AT2
Cousine, die, -n 4/AT2

D

da 3/AT2
Dachgeschoss, das, -e 3/D1
Damenkleid, das, -er 12/B1b
danach 4/B2b
Dank, der, Sg. 2/D2a
danke 1/A3a
danken 11/B2b
dann 4/B2b
das 1/A2a
Datum, das, Daten 11/A2
dauern 13/C5a
denn (1): ... denn am Wochenende will ich nicht arbeiten. 7/A1a
denn (2): Was fehlt Ihnen denn? 8/A3a
deutlich 8/E1
Deutsch 1/B1
Deutschkurs, der, -e 2/B
Dezember, der, Sg. 13/A5a
Dialog, der, -e Station1/1
Dienstag, der, -e 5/C1a

Dienstagabend, der, -e 5/C3
Dienstagnachmittag, der, -e 5/D1
direkt 12/B3a
Disko, die, -s 10/B6
doch 6/A2
Donnerstag, der, -e 5/C1a
Dorf, das, "-er 11/AT2
dort 4/C1a
Dose, die, -n 6/A1
draußen 7/A5
dringend 8/E1
drinnen 7/A5
du 1/A3a
dunkel 3/E4a
durch 9/AT
dürfen, gedurft 9/C2a
Durst, der, Sg. 6/A4

E

EC-Karte, die, -n 7/C1a
Ecke, die, -n 8/E1
Ei, das, -er 6/A1
Einbauküche, die, -n 3/E3
einfach 9/B4b
Einfamilienhaus, das, "-er 3/E3
Eingang, der, "-e 11/D2
einige 14/B3a
ein|kaufen 5/B1a
Einkaufszettel, der, - 6/A
ein|laden, eingeladen 14/A3
Einladung, die, -en 14/A3
ein|tragen, eingetragen 11/D1a
Einzug, der, "-e 11/A1a
Eis, das, Sg. 4/C3
elegant 12/AT3
Eltern, Pl. 4/AT1
Elternhaus, das, "-er 4/D1a
Empfänger/in, der/die, -/-nen 14/B3b

120 *einhundertzwanzig*

empfehlen, empfohlen 8/B2

enden 5/A4

Endstation, die, -en 13/C5a

Englisch 2/A1b

Englischkurs, der, -e 5/A7

Enkel/in, der/die, -/-nen 4/A1a

entschuldigen 5/A1

Entschuldigung! 1/A1a

Entschuldigung, die, -en 8/C1

er 2/A2a

Erbse, die, -n 6/A6

Erdgeschoss, das, -e 3/D1

ergänzen Station1/1

erkältet 8/A3a

erklären Station1/2

Erwachsene, der/die, -n 9/C5

es 1/A3a

essen, gegessen 4/C1a

Essen, das, - 10/A5

etwas 6/B1c

Euro, der, -s 2/B2a

F

Facharzt/Fachärztin, der/die,
"-e/-nen 8/B1

fahren, gefahren 4/C1a

Fahrkarte, die, -n 9/B2

Fahrplan, der, "-e 13/C4

Fahrrad, das, "-er 5/C2

Fahrschule, die, -n 9/C

Fahrt, die, -en 11/C2

falsch 2/A1b

Familie, die, -n 2/D2b

Familienkasse, die, Sg. 11/AT

Familienname, der, -n 11/A1a

Familienstand, der, Sg. 11/A1a

Farbe, die, -n 3/C

faulenzen 4/C1a

Februar, der, Sg. 13/A5a

fehlen (1) 3/A1a

fehlen (2): Was fehlt Ih-
nen? 8/A3a

Fehlen, das, Sg. 8/C2

feiern 14/A3

Feld, das, -er Station 1

Fenster, das, - 14/AT1

Ferien, Pl. 10/klar7b

Feriengast, der, "-e 13/D1a

fern|sehen, ferngesehen 5/B1a

Fernseher, der, - 3/AT1a

Fertigpizza, die, -s/-piz-
zen 10/A1a

Fest, das, -e 11/C2

Festkomitee, das, -s 14/A3

Festspiel, das, -e 13/D1a

Feuer, das, Sg. 8/E2

Fieber, das, Sg. 8/A3a

Fieberthermometer, das, - 8/C1

Film, der, -e 4/C1a

finden, gefunden (1): Arbeit
finden 2/A1b

finden, gefunden (2): Wie
findest du…? 3/C3

Firma, die, Firmen 1/E4

Fisch, der, -e 6/AT

Fischer, der, - 13/D1a

Fischspezialität, die, -en 13/D1a

Flasche, die, -n 6/A6

Fleisch, das, Sg. 6/klar2

fliegen, geflogen 9/AT2

Flohmarkt, der, "-e 12/A3a

Flughafen, der, "- 9/B1b

Flugzeug, das, -e 9/AT1

Fluss, der, "-e 9/B3a

Formular, das, -e 7/A1a

Foto, das, -s 2/AT1

Frage, die, -n Station1/2

fragen 1/AT2b

Frau, die, -en 1/A3a

frei 2/D2a

Freitag, der, -e 5/C1a

Freizeit, die, Sg. 5/AT1a

Freizeitprogramm, das, -e 4/B

fremd 9/B1b

Freund/in, der/die,
-e/-nen 3/E1a

Friseur/in, der/die,
-e/-nen 1/E2

Früchtetee, der, -s 6/D2

früh 5/klar3

früher 4/D

Frühling, der, Sg. 13/A5a

Frühstück, das, -e 6/D1

frühstücken 6/D2

Führerschein, der, -e 9/C1

Führerscheinprüfung, die,
-en 9/C5

funktionieren 14/B1

für 4/D1b

furchtbar 3/C3

Fuß, der, "-e 8/A2a

Fußball, der, "-e 5/AT1a

Fußballspiel, das, -e 5/A7

G

ganz 3/C3

gar nicht 12/AT3

Garten, der, "- 3/E1a

geben, gegeben (1) 6/B1c

geben, gegeben (2): es gibt 4/B1

geboren 11/A1a

Geburtsdatum, das, Sg. 11/A1a

Geburtsort, der, -e 11/A1a

gefährlich 14/B4a

gefallen, gefallen 12/AT3

Gegenteil, das, -e Station3/4

Gehalt, das, "-er 11/B2b

Gehaltsabrechnung, die,
-en 11/B1

einhunderteinundzwanzig **121**

Wortliste

gehen, gegangen (1): Wie geht es Ihnen? 1/A3a

gehen, gegangen (2): Bis wann geht der Kurs? 5/A7

gehen, gegangen (3): Sie geht aus dem Haus. 7/B1a

gehen, gegangen (4): Das Licht geht nicht. 14/B1a

gehören 11/B2b

gelb 3/C1

Geld, das, Sg. 7/A1a

Geldautomat, der, -en 7/C1a

Gemeinde, die, -n 11/A1a

Gemüse, das, Sg. 6/B1a

gemütlich 3/C3

genau (1), Adj. 13/B1a

genau (2), Adv. 14/A1b

genauso 13/A4

genug 3/E1a

geöffnet 12/B3a

gerade 14/A1b

geradeaus 9/B4b

gern 4/B1

Gern geschehen! 14/A1b

Geschäft, das, -e 3/D1

Geschenkartikel, der, - 12/B1a

Geschichte, die, -n 8/C3

geschieden 10/AT2

geschlossen 8/AT

Geschwister, Pl. 4/AT1

gestern 7/B6

Gesundheit, die, Sg. 8/B

Getränk, das, -e 6/A7

Getränkemarkt, der, "-e 6/B1a

gießen, gegossen, 14/A1c

Girokonto, das, -konten 7/C1a

Glas, das, "-er 6/A6

glauben 8/E1

gleich 8/klar1

Gleis, das, -e 13/C2

Glück, das, Sg. 14/A4a

glücklich 14/C1

Grad, der, 16° Celsius 13/A2

Gramm, das, Sg. 6/A7

grau 3/C1

Grill, der, -s 14/A3

grillen 7/A6

Grippe, die, -n 8/A3a

groß 3/AT2

Größe, die, -n 12/B3a

Großeltern, Pl. 4/AT1

Großmutter, die, "- 4/AT

Großstadt, die, "-e 10/AT1

Großvater, der, "- 4/AT

grün 3/C1

Gruß, der, "-e 8/C2

günstig 12/AT3

Gurke, die, -n 6/D2

gut 1/A3a

Guten Appetit 6/AT

Guten Morgen 1/A1a

Guten Tag 1/AT

H

haben, gehabt 2/D2a

Hackfleisch, das, Sg. 6/A7

Hafen, der, "- 4/B3a

Hafenrundfahrt, die, -en 4/B3a

Hähnchen, das, - 6/AT

halb 5/A1

Hallo 1/A3a

Hals, der, "-e 8/A2a

Halsschmerzen, Pl. 8/AT1c

halten, gehalten 9/klar6

Haltestelle, die, -n 7/B5

Hand, die, "-e 8/A2a

Handy, das, -s 3/B2

hässlich 3/AT2

Hauptbahnhof, der, "-e 9/B1a

Hauptwohnung, die, -en 11/A1a

Haus, das, "-er 1/A1a

Hausarzt/Hausärztin, der/die, "-e/-nen 8/AT

Hausaufgabe, die, -n 1/B1

Hausfrau, die, -en 1/E3

Hausmeister/in, der/die, -/-nen 7/AT1b

Hausnummer, die, -n 2/D1

Hausverwaltung, die, -en 14/B3a

heben, gehoben 8/A4

Heft, das, -e 2/B1a

Heimat, die, Sg. 2/AT

Heimatland, das, "-er 2/klar2a

heiraten 11/AT1a

heiß 13/A1

heißen, geheißen 1/AT

Heizung, die, -en 14/B1a

helfen, geholfen 7/A1a

hell 3/E4a

Hemd, das, -en 12/AT1

Herbst, der, Sg. 13/A5a

Herd, der, -e 3/AT1a

Herr, der, -en 1/A3a

Herrenbekleidung, die, Sg. 12/B1a

Herrenhose, die, -n 12/B1b

herunter|laden, heruntergeladen 11/C3

herzlich 11/D2

heute Station1/2

hier 1/A1a

hinten 12/B3a

hinter 9/B3a

Hobby, das, -s 5/AT2

Hochhaus, das, "-er 3/E1a

Hochzeit, die, -en 11/C2

Hochzeitstag, der, -e 11/A5

122 *einhundertzweiundzwanzig*

Hof, der, "-e 14/AT1
Hoffest, das, -e 14/A3
holen 6/A2
Honig, der, Sg. 6/D2
hören Station1/1
Hose, die, -n 12/AT1
Hund, der, -e 14/AT1
Hunger, der, Sg. 6/A4
Husten, der, Sg. 8/A3a

I

ICE (=Intercity-Express), der,
-s 13/C1b
ich 1/AT
ich hätte gern 6/B1c
Idee, die, -n 4/B1
ihr 1/B1
im 1/A1
Imbiss, der, -e 6/D1
immer 3/E1a
in 1/A1c
Informationsbroschüre,
die, -n 11/B2b
Informationsschalter,
der, - 11/D1b
Insel, die, -n 13/D1a
interessant 5/B3a
Internet, das, Sg. 5/AT1a
Interview, das, -s 2/klar2a

J

ja 3/A2a
Jacke, die, -n 12/AT1
Jahr, das, -e 2/A1b
Jahreszahl, die, -en 10/C2
Jahreszeit, die, -en 13/A5a
Januar, der, Sg. 13/A5a
Jeans, die, - 12/AT1
jeden Tag 5/C2
jeder, jedes, jede 8/B1

jetzt 2/A1b
joggen 5/AT1a
Joghurt, der, -s 6/AT
Jugendliche, der/die, -n 9/C5
Juli, der, Sg. 13/A5a
Junge, der, -n 5/AT1c
Juni, der, Sg. 13/A5a

K

Kaffee, der, Sg. 6/AT
Kakao, der, -s 6/D2
kalt 3/E4a
Kantine, die, -n 6/D1
kaputt 10/B2
Karriere, die, -n 7/A5
Karten spielen 10/A5
Kartoffel, die, -n 6/AT
Käse, der, Sg. 6/AT
Käsekuchen, der, - 6/B4
Kasse, die, -n 7/A1a
Kasten, der, "- 11/D2
Katalog, der, -e Station 3/2a
kaufen 3/B2
Kaufhaus, das, "-er 12/AT
Kaugummi, der, -s 6/A1
Kellner/in, der/die,
-/-nen 7/AT1b
kennen, gekannt 4/B4
kennen|lernen 13/D2
KfZ-Zulassung, die, -en 11/C1a
Kfz-Zulassungsstelle, die,
-n 11/AT
Kilo, das, -s 6/A5a
Kilogramm, das, Sg. 6/A7
Kind, das, -er 2/B3b
Kinderarzt/Kinderärztin,
der/die, "-e/-nen 8/AT
Kinderbetreuung, die,
-en 14/C5b
Kindergarten, der, "- 7/klar6

Kindergeld, das, Sg. 11/AT1a
Kindergeldantrag, der,
"-e 11/klar2
Kinderwagen, der, - 14/AT1
Kindheit, die, Sg. 4/D1a
Kino, das, -s 5/B1a
Kiosk, der, -e 6/B1a
Kita, die, -s 2/D2a
klar 5/D1b
Klasse, die, -n, (Erste/Zweite
Klasse) 13/C1b
Kleid, das, -er 12/AT1
Kleidung, die, -Sg. 12/AT3
klein 3/AT2
Kleinigkeit, die, -en 6/D2
Kleinstadt, die, "-e 10/AT1
Klingel, die, -n 14/AT1
klingeln 5/A6
Koch/Köchin, der/die,
"-e/-nen 1/E2a
kochen 4/B2a
Kochkurs, der, -e 5/A7
Koffer, der, - 5/C2
Kollege/Kollegin, der/die,
-n/-nen 7/B1a
komisch 12/AT3
kommen, gekommen 1/AT2a
Kommode, die, -n 3/AT1a
kompliziert 11/B2b
können, gekonnt Station1/2
Kontakt, der, -e 7/A1a
Kontinent, der, -e 2/AT1
Kontoauszug, der, "-e 7/C1a
Kontonummer, (Konto-Nr.),
die, -n 7/C1a
Kontrolle, die, -n 8/A3a
kontrollieren 7/A1a
Konzert, das, -e 5/D3
Kopf, der, "-e 8/A2a

einhundertdreiundzwanzig **123**

Wortliste

Kopfschmerzen, Pl. 8/C1
Kopie, die, -n 8/B1
Körperteil, der, -e 8/A2a
kosten 2/B2a
krank Station1/3a
Krankengymnastik, die, Sg. 8/A4
Krankenhaus, das, "-er 8/B1
Krankenkasse, die, -n 8/B1
Krankenversicherung, die, -en 8/B2
Krankschreibung, die, -en 8/B1
Kreuzung, die, -en 9/B4b
Krimi, der, -s 5/A7
Küche, die, -n 3/AT1c
Kuchen, der, - 6/A7
Kugelschreiber, der, - 2/B1a
Kühlschrank, der, "-e 3/AT1a
Kulturfestival, das, -s 13/D1a
Kunde/Kundin, der/die, -n/-nen 6/B1c
Kurs, der, -e Station1
Kursfest, das, -e 6/klar3
Kursgebühr, die, -en 11/D1b
Kursleiter/in, der/die, -/-nen 5/A4
Kursliste, die, -n 7/A1a
Kursraum, der, "-e 2/B4
Kurstermin, der, -e 7/A1a
kurz 13/A5b

L

Laden, der, "- 7/A1a
Ladenbesitzer/in, der/die, -/-nen 7/A1a
Lampe, die, -n 2/B1a
Land (1), das, "-er 2/A1c
Land (2), das, Sg. (auf dem Land) 10/C3a

Landschaft, die, -en 13/D
lang(e) 1/A1a
langsam 7/A1a
langweilig 3/C3
laufen, gelaufen 13/C6
Laune, die, Sg. 14/A3
laut 3/E4a
leben 4/A4
Leben, das, - 7/B
Lebensmittel, Pl. 4/B2a
Ledertasche, die, -n 12/B1b
ledig 10/AT1
Lehrer/in, der/die, -/-nen 1/E1
leider 5/D2
leise Station 3/1
Lektion, die, -en 13/B3
lernen 1/B1
lesen, gelesen 4/C1a
Leute, die, Pl. 9/B3a
Licht, das, Sg. 14/AT1
Liebe Claudia, / Lieber John, 10/B1
Lieblingsfarbe, die, -n 3/C2
Lieblingsjahreszeit, die, -en 13/A6
liegen, gelegen 2/AT2a
lila 3/C1
Lineal, das, -e 2/B1a
Linie, die, -n 9/B1a
links 3/D1
Liter, der, Sg. 6/A7
LKW, der, -s 9/C2b
los|gehen, losgegangen 10/B1
Lösung, die, -en 11/B2b
Lust, die, Sg. 5/D2

M

machen 1/B
Mädchen, das, - 5/AT
Mädchenhose, die, -n 12/B3b

Mai, der, Sg. 13/A5a
Mais, der, Sg. 6/A1
mal 8/A3a
Maler/in, der/die, -/-nen 7/AT1b
man 1/C3
manchmal 6/AT2a
Mann, der, "-er 4/A1a
Mann, der, "-er 4/A1a
männlich 11/A1a
Marathon, der, -s 2/C4a
Markt, der, "-e 6/B1a
Marmelade, die, -n 6/A6
März, der, Sg. 13/A5a
Medikament, das, -e 8/B1
Meer, das, -e 13/AT1
mehr 6/B1c
meinen 12/A5b
Meldestelle, die, -n 11/C1a
Messe, die, -n 9/B1a
messen, gemessen 8/C1
Miete, die, -n 3/E2
Mietshaus, das, "-er 14/AT3
Mietvertrag, der, "-e 11/B1
Mietwohnung, die, -en 11/B2b
Mikrowelle, die, -n 3/B2
Milch, die, Sg. 6/AT
mindestens 9/C5
Mineralwasser, das, - 6/D2
minus 1/D4
Minute, die, -n 8/E1
mit 3/E1a
mit freundlichen Grüßen 8/C2
mit|bringen, mitgebracht 5/B1a
mit|fahren, mitgefahren 9/C5
Mitgliedsbeitrag, der, "-e 7/C2c
mit|kommen, mitgekommen 5/B1a

124 *einhundertvierundzwanzig*

mit|nehmen, mitgenom-
men 13/C5a

Mittag, der, -e 5/C1b

Mittagessen, das, - 4/B2a

mittags 6/D2

Mittagspause, die, -n 7/B1a

Mittwoch, der, -e 5/C1a

Möbel, Pl. 3/AT1c

möchten, gemocht 6/B3a

modern 3/AT2

Modeschmuck, der, Sg. 12/B1a

mögen, gemocht 6/C

möglich Station 3/1

Moment, der, -e 1/C3

Monat, der, -e 13/A5a

Monatskarte, die, -n 9/B2

Montag, der, -e 5/C1a

morgen 1/A4

Morgen, der, - 5/C1b

morgens 7/A1a

Motorrad, das, "-er 9/AT1

müde 10/B1

Mülltonne, die, -n 14/AT1

Multimedia-Abteilung, die,
-en 12/B3a

Mund, der, "-er 8/A2a

Münze, die, -n Station 1

Musik, die, Sg. 5/AT1a

Musiker/in, der/die,
-/-nen 4/A4

Müsli, das, -s 6/A4

müssen, gemusst 7/A

Mutter, die, "- 4/AT

Muttersprache, die, -n 2/A1b

N

nach (1): nach Berlin 4/B1

nach (2): Viertel nach sieben 5/A1

nach Hause 4/C2

nach Vereinbarung 8/AT

Nachbar/in, der/die,
-n/-nen 14/A

Nachmittag, der, -e 5/C1b

Nachricht, die, -en 5/A6

Nachrichten, Pl. 5/A6

nach|sehen, nachgese-
hen 12/B3a

nächster, nächstes, nächste
8/A1a

Nacht, die, "-e 5/C1b

Nachteil, der, -e 12/B6

Nachtisch, der, -e 6/D2

Nähe, die, Sg. (hier: in der
Nähe) 3/E1a

Name, der, -n 1/AT1

Nase, die, -n 8/A2a

nass 13/A1

Nationalität, die, -en 2/A

neben 9/B3a

Nebenkosten, Pl. 3/E3

nee 12/A4b

Neffe, der, -n 4/A1a

nehmen, genommen 4/C2

nein 3/A2a

nennen, genannt 11/A1b

nett 11/B2b

Netz, das, -e 6/A6

neu 1/A1a

nicht 3/C3

Nichte, die, -n 4/A1a

nie 6/AT2a

niemand 4/C1a

noch 2/D2a

noch einmal 8/A1a

Norden, der, Sg. 13/A2

Notarzt/Notärztin, der/die,
"-e/-nen 8/E1

Notfall, der, "-e 8/E1

Notruf, der, -e 8/E

November, der, Sg. 13/A5a

Nudeln, Pl. 6/AT

Nummer, die, -n 2/klar3

nun 8/A3c

nur 6/A5a

O

oben 3/D1

Obergeschoss, das, -e 3/E3

Obst, das, Sg. 6/A2

Obst- und Gemüseladen, der,
"- 3/D1

oder 4/D1b

öffnen 7/A1a

Öffnungszeiten, Pl. 11/klar3

oft 4/C1a

ohne 6/D2

Ohr, das, -en 8/A2a

Ohrenschmerzen, Pl. 8/klar1

okay 3/C3

Oktober, der, Sg. 13/A5a

Onkel, der, - 4/AT2

Oper, die, -n 13/D1a

operieren 8/D1a

Orange, die, -n 6/A1

Orangensaft, der "-e 6/C1a

Original, das, -e 8/B1

Ort, der, -e 10/C1c

Osten, der, Sg. 13/A2

P

packen 5/C2

Packung, die, -en 6/A6

Paket, das, -e 5/B1a

Paketdienst, der -e 14/A1b

Papier, das, -e 2/B1a

Park, der, -s 9/B4a

parken 9/C4

Parkplatz, der, "-e 9/B3a

einhundertfünfundzwanzig **125**

Wortliste

Partner/in, der/die, -/-nen Station2/1

Pass, der, "-e 11/C1a

passen 12/A1b

passieren, passiert 8/E1

Pause, die, -n 5/A4

Pension, die, -en 13/D1a

Person, die, -en 8/E1

Pfund, das, Sg. 6/A7

Picknick, das, -s 6/A7

Pizza, die, -s/Pizzen 4/C2

planen 6/klar3

Platz (1), der, "-e 2/D2a

Platz (2), der, Sg. 3/E1a

Platz (3), der, "-e: Auf dem Platz sind viele Leute. 9/B3a

Playmobil, das, -s 14/A1c

plus 1/D4

Polizei, die, Sg. 9/B4b

Pommes frites, Pl. 6/C1a

Portugiesisch 2/A2a

Post, die, Sg. 7/B2

Postkarte, die, -n 10/B1

Postleitzahl, die, -en 2/D1

praktisch 12/A3b

Praxis, die, Praxen 4/D1b

Praxisgebühr, die, -en 8/B1

Preis, der, -e 6/B2

probieren 6/A5a

Problem, das, -e 6/B1c

Programmierer/in, der/die, -/-nen 7/AT1b

Prüfung, die, -en 9/C5

Pullover, der, - 12/AT1

Puppe, die, -n 14/A1b

putzen 7/A2a

Q

Quadratmeter, (qm), der, - 3/E1a

Quartal, das, -e 8/B1

R

Rad fahren, gefahren 13/AT3

Radfahrer/in, der/die, -/-nen 13/C6

Radiergummi, der, -s 2/B1a

Radio, das, -s 10/A5

Radiowecker, der, - 5/A6

Radtour, die, -en 4/B2a

Rathaus, das, "-er 9/B4b

rauchen 9/C4

Rechnung, die, -en 7/A4

rechts 3/D1

reden 10/A3

Regal, das, -e 3/AT1a

Regel, die, -n 8/E1

Regen, der, Sg. 13/A1

regnen 13/A1

Reihenhaus, das, "-er 3/E1a

Reinigungskraft, die "-e 7/AT1b

rein|kommen, reingekommen 14/A1b

Reis, der, Sg. 6/AT

Reise, die, -n 13/AT

Reiseangebot, das, -e 10/A1a

reisen 7/A5

Reservierung, die, -en 13/C1b

Restaurant, das, -s 13/C5a

Rezept, das, -e 8/A3a

richtig 2/A1b

Richtung, die, -en 9/B1a

riechen, gerochen 14/B3a

Ring, der, -e 11/C2

Rock, der, "-e 12/AT1

Rolltreppe, die, -n 12/B3a

rosa 3/C1

rot 3/C1

Rücken, der, - 8/A2a

Rückenschmerzen, Pl. 8/A4

Rückfrage, die, -n 8/E1

ruhen 8/A4

ruhig 3/E1a

rund 7/C

Russisch 4/C3

S

Saft, der, "-e 6/A7

sagen 2/A4

Sahne, die, Sg. 6/AT

Salat, der -e 6/AT

Salz, das, Sg. 14/A1c

Samowar, der, -e 3/A2a

Samstag, der, -e 5/B

Samstagabend, der, -e 5/D3

Sandkasten, der, "- 14/C1

S-Bahn, die, -en 9/AT1

schauen 12/B3a

Schaukel, die, -n 14/C1

scheinen, geschienen 13/A1

schick 12/AT3

schicken 2/D2a

Schiff, das, -e 4/B3a

Schild, das, -er 8/AT1a

Schinken, der, Sg. 6/B4

schlafen, geschlafen 4/C1a

Schlafzimmer, das, - 3/AT1c

schlecht 3/C3

schließen, geschlossen 7/A1a

Schlüssel, der, - 4/C2

schmecken 14/A4a

Schmerz, der, -en 8/E2

Schmerztablette, die, -n 8/A4

schmutzig 14/B3a

Schnee, der, Sg. 13/A1

schneien 13/A1

schnell 8/E1

Schnupfen, der, Sg. 8/A3a

Schokolade, die, -n 4/C1a

schon 1/A1a

schön 3/AT2

Schrank, der, "-e 3/AT1a

schreiben, geschrieben 1/C3

Schreibtisch, der, -e 3/B2

Schuh, der, -e 8/D2

Schule, die, -n 5/D1b

schwarz 3/C1

Schwedisch 2/A2a

schwer 8/A4

Schwester, die, -n 4/AT

Schwimmbad, das, "-er 9/A3

schwimmen, geschwommen 7/A6

schwimmen gehen, schwimmen gegangen 5/AT1a

Secondhandladen, der, "- 12/A3a

See, der, -n 13/C5a

Segelboot, das, -e 13/D1a

Segeltour, die, -en 13/D1a

sehen, gesehen 4/C1a

Sehenswürdigkeit, die, -en 4/B1

sehr 3/C3

Sehr geehrte Frau ..., /Sehr geehrter Herr ..., 8/C2

sein, gewesen 1/AT

seit 10/C3a

Seite, die, -n Station1/3a

Seitenzahl, die, -en 13/B3

Sekretärin, die, -nen 1/E1

selten 6/AT2a

September, der, Sg. 13/A5a

servieren 13/D1a

Sessel, der, - 3/AT1a

Sie 1/AT

sie 2/A2a

Situation, die, -en 8/E1

sitzen, gesessen 14/C1

so 7/A1a

Socke, die, -n 12/AT1

Sofa, das, -s 3/AT1a

sofort 8/C1

Sohn, der, "-e 2/D2a

sollen 8/A3c

Sommer, der, Sg. 13/A5a

Sonne, die, Sg. 3/E2

Sonntag, der, -e 4/C

Sonntagnachmittag, der, -e 5/D3

sonst 6/klar1a

Spaghetti, Pl. 6/A6

Spanisch 2/A1b

Spanischkurs, der, -e 7/B4

Spaß, der, Sg. Station2/3

spät 5/A

später 1/A4

spazieren gehen, spazieren gegangen 9/B4a

Spezialität, die, -en 6/B5

Spiel, das, -e 4/A4

spielen Station1/1

Spielplatz, der, "-e 9/B3b

Sport, der, Sg. 10/A5

Sportschuh, der, -e 12/B1b

Sportwaren, Pl. 12/B1a

Sprache, die, -n 2/A

Sprachschule, die, -n 2/A2a

sprechen, gesprochen 2/A1b

Sprechzeiten, Pl. 8/AT1b

Sprechzimmer, das, - 8/A3a

Spüle, die, -n 3/AT1a

Spülmaschine, die, -n 3/B1a

Staatsangehörigkeit, die, -en 11/A1a

Stadt, die, "-e 1/klar3

Stadtbummel, der, Sg. 4/B3c

Stadtreinigung, die, Sg. 14/B3a

Stadtverwaltung, die, -en 11/B2b

Standesamt, das, "-er 11/AT

Station, die, -en 9/B1a

statt|finden, stattgefunden 5/B2

stehen, gestanden 9/B3a

stellen, gestellt (hier: einen Antrag stellen) 11/A

Stellenanzeige, die, -n 6/A4

Stock, der, Stockwerke 3/D1

stolz 13/D1a

stören 14/A1b

Strand, der, "-e 13/AT1

Straße, die, -n 2/D1

Straßenbahn, die, -en 9/AT1

Straßenfest, das, -e 4/B2a

Strecke, die, -n 13/C5a

streiten, gestritten 14/C3a

Stück, das, (hier: Sg.) 6/A6

Student/in, der/die, -en/-nen 1/E3

studieren 7/A4

Stuhl, der, "-e 2/B1a

Stunde, die, -n 5/klar3

suchen 1/E4

Süden, der, Sg. 13/A2

super 3/C3

Supermarkt, der, "-e 4/B2a

Suppe, die, -n 8/C3

surfen 5/AT1a

Süßigkeiten, Pl. 6/klar8

Sweatshirt, das, -s 12/AT1

T

Tag, der, -e 4/B1

Tagesmutter, die, "-14/C5a

täglich 6/AT2a

Tante, die, -n 4/AT2

tanzen 5/AT1a

Tanzkurs, der, -e 5/C3

einhundertsiebenundzwanzig **127**

Wortliste

Tanzparty, die, -s 5/A7
Tasche, die, -n 2/B1a
Tasse, die, -n 14/A1b
Taxifahrer/in, der/die, -/-nen 1/E1
Team, das, -s 7/A5
Tee, der, Sg. 6/AT
Teilnehmer/in, der/die, -/-nen 7/A1a
Telefon, das, -e 1/E4
Telefonbuch, das, "-er 8/B2
telefonieren 7/A5
Telefonnummer, die, -n 2/D1
Tennis, das, Sg. 7/A2a
Teppich, der, -e 3/AT1a
Termin, der, -e Station1/3b
Terrasse, die, -n 3/E1a
teuer 12/AT3
Thailändisch 2/A2a
Theater, das, - 13/D1a
Thema, das, Themen Station 4/2
Tipp, der, -s 11/B2b
Tisch, der, -e 2/B1a
Tischler/in, der/die, -/-nen 1/E3
Toast, der, -s 6/D2
Tochter, die, "- 4/A1a
Toilette, die, -n 12/B3a
toll 3/C3
Tomate, die, -n 6/AT
Tomatensauce, die, -n 6/D2
Tonne, die, -n 14/B2
tragen, getragen 14/B4a
Traktor, der, -s/Traktoren 9/C2a
träumen 10/A1a
treffen, getroffen 4/C1a
Treppe, die, -n 14/AT1
Treppenhaus, das, "-er 14/AT1
trinken, getrunken 6/AT2b
Tschüss 1/A3a

T-Shirt, das, -s 12/AT1
Tunnel, der, - 13/C5a
Tür, die, -en 14/AT1
Türkisch 2/A1b
Tüte, die, -n 6/A6

U

U-bahn, die, -en 9/AT1
üben 9/C5
über 9/B3a
überhaupt 12/AT3
überweisen, überwiesen 7/klar4
Überweisung, die, -en 7/A1a
Überweisungsformular, das, -e 7/C2c
Übung, die, -en Station1/3a
Uhr, die, -en 2/B3b
Uhrzeit, die, -en 5/A5a
um (1): um acht Uhr 5/A4
um (2): um die Ecke 9/C4
Umkleidekabine, die, -n 12/B3a
um|steigen, umgestiegen 9/B1a
um|ziehen, umgezogen 11/A5
und 1/AT
undeutlich 13/B2
Unfall, der, "-e 8/E1
ungefähr 8/klar1
unten 3/D1
unter 9/B3a
Unterricht, der, Sg. 8/C2
unterschreiben, unterschrieben 7/A1a
Unterschrift, die, -en 14/B3b
untersuchen 8/D1a
Unterwäsche, die, Sg. 12/AT1
unterwegs 10/B
unzufrieden 13/klar3a
Urlaub, der, -e 7/A6

V

vergessen, vergessen 6/A2
verheiratet 10/AT1
verkaufen 7/A1a
Verkäufer/in, der/die, -/-nen 1/E1
Verkehr, der, Sg. 9/C3
Verkehrsmittel, das, - 9/AT2
verletzt 8/E1
Vermieter/in, der/die, -/-nen 11/A1a
Verpackung, die, -en 6/A6
Versichertenkarte, die, -n 8/B1
Verspätung, die, -en 13/C4
verstehen, verstanden 6/klar2
Verwandte, der/die, -n (viele Verwandte) 4/AT
Verzeihung 11/D1a
viel 3/E1a
viele 3/E1a
Vielen Dank 2/D2a
vielleicht 2/A1b
Viertel, das, (hier: Sg.) 5/A1
Visitenkarte, die, -n 2/D1
Vitamin, das, -e 8/A3a
Vogel, der, "- 9/klar6
voll 14/B3a
von (1): die Kindheit von Frau Müller 4/D1a
von (2): sie kommt von der Arbeit 7/B1a
von ... bis 5/A7
von Beruf 1/E
vor (1): Viertel vor sieben 5/A1
vor (2): vor dem Haus 9/B3a
vor allen Dingen 14/A3
vorbei|kommen, vorbeigekommen 8/klar1
Vorfahrt, die, Sg. 9/C2a

Vorfahrtsschild, das, -er 9/C2a
vor|lesen, vorgelesen 8/C3
Vormittag, der, -e 5/C1b
Vorname, der, -n 8/E1
Vorteil, der, -e 12/B6
Vorwahl, die, -en 2/D1

W
Wald, der, "-er 13/AT1
Wanderer, der, - 13/C6
wandern 5/AT1a
Wanderweg, der, -e 13/C5a
wann 4/B1
Ware, die, -n 7/A1a
warm 3/E4a
Warmmiete, die, -n 3/E1a
warten 8/E1
Wartenummer, die, -n 11/D1b
Warteraum, der, "-e 11/D2
was 1/B
Waschbecken, das, - 3/A2b
Waschmaschine, die, -n 3/B2
Wasser, das, Sg. 6/AT
wechseln 7/A1a
Weg, der, -e 9/AT
weg|fahren, weggefahren 5/B3a
weh|tun, wehgetan 8/A3a
weiblich 11/A1a
Wein, der, -e 6/AT
weinen 8/klar1
weiß 3/C1
Weißbrot, das, -e 6/B4
weit 9/B1a
weiter|fahren, weitergefahren 9/C4
welcher, welches, welche 12/A4b
wem 11/B5
wenig 8/A4

wer 1/A2a
Westen, der, Sg. 13/A2
Wetter, das, Sg. 10/klar1
wichtig 11/AT2
wie 1/AT
Wie bitte? 1/C3
wie viel 1/D4
wie viele 2/B4
wieder 8/D1a
wiederholen Station1/2
Wiederholung, die, -en Station2
wieder|kommen, wiedergekommen Station1/3a
Wiese, die, -n 13/AT1
willkommen 1/AT
Wind, der, -e 13/A1
windig 13/A1
Winter, der, Sg. 13/A5a
Wintermantel, der, "- 12/B1b
wir 1/B1
wirklich 14/A4a
wissen, gewusst 7/A1a
wo 1/B2a
Woche, die, -n 5/AT
Wochenende, das, -n 4/B1
woher 1/AT2a
wohin 4/B1
wohnen 1/A1a
Wohngeld, das, Sg. 11/B2a
Wohngeldantrag, der, "-e 11/B
Wohnort, der, -e 3/E1b
Wohnung, die, -en 3/AT
Wohnungsamt, das, "-er 11/klar4b
Wohnungsanzeige, die, -n 13/B3
Wohnzimmer, das, - 3/AT1c
Wolke, die, -n 13/A1
wollen 7/A1a

Wörterbuch, das, "-er 3/AT1b
wunderbar 14/A5
Wunsch, der, "-e 6/B1c
wünschen 6/B4
Würfelspiel, das, -e 2/A4
Wurst, die, "-e 6/AT

Z
Zahnarzt/Zahnärztin, der/die, "-e/-nen 8/AT
Zahnschmerzen, Pl. 8/AT1c
Zeit, die, -en 4/B1
Zeitung, die, -en 5/B1a
Zentralheizung, die, -en 3/E3
Zimmer, das, - 3/AT1c
Zoo, der, -s 9/B1b
zu (1): Informationen zu Ihrer Stadt 4/B4
zu (2): Sie fährt zum Supermarkt. 7/B1a
zu Fuß 9/AT2
zu Hause 7/A5
Zucker, der, Sg. 6/A1
zuerst 4/B2b
zufrieden 14/C1
Zug, der, "-e 5/A6
zurück 6/B1c
zurück|fahren, zurückgefahren 10/B2
zurück|kommen, zurückgekommen 10/klar1
zusammen 5/C3
Zwiebel, die, -n 6/AT
zwischen 9/B3a

einhundertneunundzwanzig **129**

Bildkarten

1 Körperteile. Ordnen Sie zu.

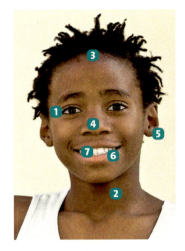

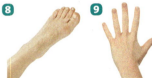

○ das Auge
○ der Arm
○ der Bauch
○ das Bein
○ der Fuß
○ der Hals
○ die Hand
○ der Kopf
○ die Nase
○ das Ohr
○ der Rücken
○ der Mund
○ der Zahn

2 Wie heißen die Verkehrsmittel? Ordnen Sie zu.

4	der Bus	12	das Schiff
10	das Taxi	2	der Motorroller
11	die U-Bahn		
3	die Straßenbahn	5	das Motorrad
		8	die S-Bahn
6	der Zug	1	das Auto
9	das Flugzeug	7	das Fahrrad

130 einhundertdreißig

3 In der Stadt. Ordnen Sie zu.

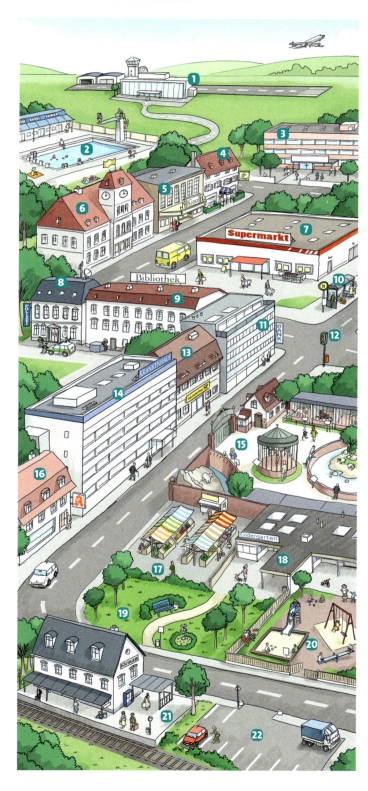

- (21) der Bahnhof
- (6) das Rathaus
- (9) die Bibliothek
- (15) der Zoo
- (17) der Markt
- (13) die Post
- (11) die Bank
- (7) der Supermarkt
- (5) das Kino
- (8) die Polizei
- (12) die Ampel
- (18) der Kindergarten
- (20) der Spielplatz
- (19) der Park
- (4) das Restaurant
- (22) der Parkplatz
- (3) die Schule
- (14) das Krankenhaus
- (16) die Apotheke
- (2) das Schwimmbad
- (1) der Flughafen
- (10) die Haltestelle

einhunderteinunddreißig **131**

Bildkarten

4 Kleidungsstücke. Ordnen Sie zu.

○ der Anzug
○ das Hemd
○ die Hose
○ das Kleid
○ der Mantel
○ der Pullover
○ der Rock
○ die Schuhe
○ die Jeans
○ das T-Shirt
○ die Jacke
○ die Socken

5 Mein Haus. Ordnen Sie zu.

⑦ das Erdgeschoss
⑩ die Klingel
⑤ der 1. Stock
④ der 2. Stock
① das Dachgeschoss
⑥ das Fenster
③ der Balkon
⑫ der Garten
⑨ die Tür
⑬ der Hof
⑪ die Mülltonne
② der Aufzug
⑧ das Treppenhaus

132 einhundertzweiunddreißig

6 Auf Reisen. Ordnen Sie zu.

(6) der Bahnhof   (3) das Gleis   (11) der Strand
(9) der Schalter   (7) der Fahrplan   ( ) der Wald
(8) das Gepäck   (4) der Zug   ( ) der See
(1) der Fahrkarten-   (10) das Meer   ( ) der Berg
      automat   (5) der Bahnsteig   ( ) die Wolke
( ) der Koffer   ( ) die Wiese

einhundertdreiunddreißig **133**

Bildkarten

7 Gegenteile. Ordnen Sie zu.

○ groß ≠ klein
○ billig ≠ teuer
○ schnell ≠ langsam
○ schön ≠ hässlich
○ richtig ≠ falsch

○ gut ≠ schlecht
○ langweilig ≠ interessant
○ viel ≠ wenig
○ laut ≠ leise

○ hell ≠ dunkel
○ früh ≠ spät
○ jung ≠ alt

Bildquellen

Cover © Cornelsen Verlag, Miethe – **U2** © Cornelsen Verlag, Dr. V. Binder – **S. 9** A: © Fotolia, Arcurs (RF); B: © Fotolia, ISO K°-photography (RF); D: © iStockphoto, Smith (RF) – **S. 10** oben: © Fotolia, ewolff (RF); Mitte: © Fotolia, van den Berg (RF); unten: © Fotolia, johann35 (RF) – **S. 11** oben: © Fotolia, ISO K°-photography (RF); unten: © Fotolia, Mikitenko (RF) – **S. 12** A – E: © Cornelsen Verlag – **S. 13** © Cornelsen Verlag, Wilhelmi – **S. 15** links: © Fotolia, Baloncici (RF); rechts: © Fotolia, dimis (RF) – **S. 19** 1: © Adpic, Kater (RF); 2: © Fotolia, philipus (RF) – **S. 20** A: © iStockphoto, Neustockimages (RF); B: © Fotolia, Eppele (RF); C: © Pixelio, marctwo; D: © Digitalstock, Banneke-Wilking (RF); E: © Fotolia, Jargstorff (RF) – **S. 21** © Cornelsen Verlag, Wilhelmi – **S. 23** © Cornelsen Verlag, Wilhelmi – **S. 24** oben: Wikipedia, gemeinfrei; Mitte + unten: © Fahrschule.de – **S. 25** 1 – 7: © Cornelsen Verlag; 8: © Pixelio, Schoenemann; 9: © Fotolia, Mazur (RF); 10: © Fotolia, moonrun (RF) – **S. 27** links, 2. von links, Mitte: © Cornelsen Verlag; 2. von rechts: © Fotolia, Mazur (RF); rechts: © Pixelio, Schoenemann – **S. 29** 1: © Digitalstock, vorndran (RF); 2: © Digitalstock, Graf (RF); 3: © Fotolia, Pupo (RF); 4: Wikimedia Commons, CC Attr. Sha 2.5, © Summer; 5: © Fotolia, EastWest Imaging (RF); 6: © Fotolia, Fotolial (RF) – **S. 31** © Fotolia, Rados&322; aw Brzozowski (RF) – **S. 32** oben: © Adpic, Lange (RF); unten: © Deutsche Telekom – **S. 35** oben: © iStockphoto, Schmidt (RF); unten: © Cornelsen Verlag, Wilhelmi – **S. 39** A: Wikimedia Commons, GNU; D: Digitalstock, Figge (RF); 2. von unten links: © Fotolia, Feketa (RF); unten rechts: © Cornelsen Verlag, Mackensen – **S. 40** © Fotolia, Gelpi (RF) – **S. 41** links, 2. von rechts, rechts: © Cornelsen Verlag; 2. von links: © Fotolia, Bogdanski (RF) – **S. 42** 1: © stadtentwicklung.berlin.de; 3: © Digitalstock, Imago (RF); unten: © Cornelsen Verlag, Wilhelmi – **S. 44** oben: Wikipedia, CC Attr. Sha 2.0, © Horvat – **S. 50** oben rechts: © Fotolia, tom (RF); 3: © Cornelsen Verlag; 5: © Fotolia, moonrun (RF) – **S. 52** © Cornelsen Verlag, Wilhelmi – **S. 53** B: © Fotolia, Losevsky (RF); E: © Fotolia, Aumann (RF); F: © Fotolia, Saniphoto (RF); unten links: © Fotolia, SyB (RF); 2. von links unten: © Fotolia, Nazarenko (RF); unten rechts + 2. von rechts unten: © Fotolia, Sumnersgraphicsinc (RF) – **S. 58** 1: © Fotolia, sepas (RF); 2: © Fotolia, Nyshko (RF); 3: © Fotolia, dim@dim (RF); 4: © Fotolia, stockmaker (RF); 5: © Fotolia, Eppele (RF) – **S. 61** 1: © Fotolia, Sunnydays (RF); 2: © Fotolia, Shelego (RF); 3: © Fotolia, Cordier (RF); 4: © Fotolia, Durst (RF) – **S. 62** © Cornelsen Verlag, Dr. V. Binder – **S. 64** © Cornelsen Verlag, Wilhelmi – **S. 65** © Deutsche Bahn AG, Koch – **S. 66** © Jeschke/Glunk – **S. 67** links: © Fotolia, Hahn (RF); rechts: Wikimedia Commons, CC Attr. Sha 2.5, © Böhringer – **S. 68** 1: © Fotolia, Hirte (RF); 2: © Fotolia, Baer (RF); 3: © Fotolia, Helminger (RF); 4: © Fotolia, Raupach (RF); 5: © Fotolia, Wittbrock (RF); 6: © Fotolia, CB94 (RF) – **S. 71** © Cornelsen Verlag, Wilhelmi – **S. 72** links: © Cornelsen Verlag, Schulz; Rest: © Cornelsen Verlag, Wilhelmi – **S. 73** unten © Cornelsen Verlag, Wilhelmi – **S. 74** oben: © Cornelsen Verlag, Wilhelmi; unten links: © Digitalstock, Wajopi (RF); 2. von links unten: © Fotolia, Berg (RF); 3. von links unten: © Fotolia, Röhrich (RF); 3. von rechts unten: © Fotolia, SyB (RF); 2. von rechts unten: © Digital-

Bildquellen

stock, m.H.A. (RF); unten rechts: © Fotolia, Thaut Images (RF) – **S. 130** oben 1: © Fotolia, Paulussen (RF); oben 8: © Fotolia, philipus (RF); oben 9: © Fotolia, Redel (RF); oben 10: © Fotolia, Duchorer (RF); unten 1: © Fotolia, Fatman73 (RF); unten 3: © Fotolia, fux (RF); unten 4: © Pixelio, Sterzl; unten 5: © Adpic, Kater (RF); unten 6: © Deutsche Bahn AG, Lautenschläger; unten 7: © Fotolia, luchschen (RF); unten 8: © Pixelio, marikakude; unten 9: © Fotolia, Haciosmanoglu (RF); unten 10: © Pixelio, Kirchhoff; unten 11: © Fotolia, philipus (RF); unten 12: © Fotolia, Bouwman (RF) – **S. 132** 1+2+6: © Fotolia, terex (RF); 3: © Fotolia, dinostock (RF); 4+10: © Fotolia, Nazarenko (RF); 5: © Fotolia, Lobanov (RF); 7: © Fotolia, Elnur (RF); 8+9: © Fotolia, Armyagov (RF); 11: © Fotolia, GeoM (RF); 12: © Fotolia, jblah (RF) – **S. 133** oben links: © Deutsche Bahn AG, Koch; oben rechts: © Deutsche Bahn AG, Lautenschläger; Mitte links + rechts: © Deutsche Bahn AG, Bedeschinski; unten links: © Fotolia, Hahn (RF); unten rechts: © Fotolia, Shelego (RF) – **U3** © Cornelsen Verlag, Dr. V. Binder

S. 9 C: © mauritius images,Widmann – **S. 16** © mauritius images, Rudolf P – **S. 19** 3: © picture-alliance/Bildagentur Huber, Gräfenhain; 4: © picture-alliance/dpa-Report, Johansson; 5: © picture-alliance/dpa-Report, Wüstneck; 6: © picture-alliance/ZB / dpa-Report, Stache; 7: © picture-alliance/ZB/dpa-Report, Link; 8: © picture-alliance/dpa-Report, Johansson – **S. 25** unten: © picture-alliance/ZB/dpa-Report, Bachmann – **S. 39** B: © mauritius images, Filser; C: © ullstein bild/CARO, Korth; unten links: © mauritius images/STOCK4B; 2. von rechts unten: © mauritius images, Ha – **S. 42** 2: © picture-alliance/SVEN SIMON, Hoermann – **S. 53** A: © ullstein bild, joko – **S. 73** oben © ullstein bild, Baar – **S. 92** © mauritius images/STOCK4B – **S. 130** unten 2: © ullstein bild/CARO, Blume